KINESIOLOGIE ET EDUCATION

Dr. Paul E. Dennison

Le Souffle d'Or
B.P. 3
BARRET-LE-BAS

Titre original : Switching on

Traduction M.C. Baland
Couverture : Illustration : Annick Bougerolle
Maquette : Génépy/Gap
Photographies : Michel Castets et Freddy Potschka

Photocomposition, impression, façonnage :
Le Souffle d'Or/Impr. Louis-Jean/Gap
Mise en page : Giambiasi/Gap

Dépôt légal : 4ème trimestre 1988

LE SOUFFLE D'OR
BP 3
BARRET LE BAS
FRANCE

A Laurie
Valérie
et Thomas

ESSAYEZ CECI !

Avant de lire ce livre, faites l'exercice suivant avec votre partenaire :

1. Mettez-vous face à votre partenaire comme le montre la figure 1;

2. Demandez-lui de lever le bras à hauteur d'épaule, l'autre bras restant décontracté;

3. Placez votre main sur son bras étendu, juste au dessus du poignet, et posez votre main sur l'épaule opposée pour le mettre à l'aise.

4. Expliquez à votre partenaire que quand vous donnerez le signal « tu tiens ? », vous allez exercer un mouvement de pression sur son bras en direction du sol. Sa tâche est de tenir son bras pour vous en empêcher.

5. Dites « Tu tiens ? ». En même temps, exercez une pression ferme vers le bas sur son bras. La pression est juste assez ferme pour que vous puissiez sentir qu'un muscle se raffermit et verrouille l'articulation de l'épaule pour répondre à la pression.

6. Remerciez votre partenaire de sa coopération. Avez-vous senti le muscle se raffermir ? Dans presque tous les cas, c'est un muscle facile à verrouiller.

Maintenant, ajoutez la variante suivante. Répétez les étapes 1 à 4. Quand vous atteignez l'étape 5, quand vous dites « Tu tiens ? », ajoutez :

« Essaie vraiment » « Fais un effort ».

Fig.1 : Test du Deltoïde.

Etait-ce la même réponse ou une réponse différente ? Le muscle s'est-il raffermi, ou bien au contraire a-t-il cédé ? Invariablement, le fait de penser à « faire de son mieux » rend plus difficile le verrouillage du muscle, et il devient plus facile d'abaisser le bras le long du corps.

Maintenant ajoutez la variante suivante, après avoir préparé votre partenaire au test musculaire. Après avoir dit « Tu tiens ? » ajoutez « Tu peux le faire. Fais de ton mieux ! »

Comment sentez-vous le muscle, maintenant ? Est-ce qu'il se raffermit ou est-ce qu'il cède ? Invariablement, le résultat sera aussi bon, voire meilleur que la première fois, grâce au simple fait d'encourager votre partenaire à être lui-même.

Pourquoi ce petit mot d'« essayer » a-t-il produit une réponse différente ? C'est pour trouver la réponse que vous êtes en train de lire ce livre.

Paul E. DENNISON

TABLE DES MATIERES

PREFACE A L'EDITION FRANCAISE

Nous pouvons percevoir le monde sous deux angles, à partir de deux points de vue totalement différents : soit comme un tout — c'est le rôle du cerveau droit, l'hémisphère qui reconnaît la forme, la « Gestalt » —, soit fragmenté en unités minimales — c'est celui du cerveau gauche, l'hémisphère analytique. Ce sont deux mécanismes qui ont leur place dans les processus d'apprentissage.

Il est beaucoup question dans ce livre de « dyslexie ». Mais il ne s'agit pas là de dyslexie au sens classique du terme, celui de « difficulté dans l'apprentissage de la lecture, caractérisée par la confusion de certaines lettres — « ra » pour « ar », « asumer » pour « amuser », etc., la difficulté à écrire apparaissant simultanément [1] ».

Quand vous rencontrerez le mot « dyslexie », pensez plutôt qu'il désigne les difficultés d'apprentissage, dans le sens le plus large, celles qui inhibent chez un enfant ou chez un adulte l'acquisition de nouvelles connaissances, la mémorisation, les facultés d'expression écrite et orale, la créativité, la capacité à analyser un fait ou à se former une vue d'ensemble d'une question, empêchant ainsi le fonctionnement optimal de l'individu. Ce phénomène se rencontre aussi bien chez les personnes qui jouissent de moyens physiques et intellectuels normaux que chez celles qui souffrent des suites d'une maladie, d'un accident, ou d'un traumatisme psychique.

La démarche du docteur Paul Dennison vise avant tout à permettre la communication entre les deux hémisphères du cerveau, facilitant ainsi la mise en oeuvre de leurs capacités propres. La personne qui a une intégration latérale correcte est quelqu'un qui a appris à utiliser ses deux hémisphères simultanément : son cerveau fonctionne comme un tout. En revanche, la personne unilatérale est limitée à un seul type de processus mentaux, puisqu'elle n'a accès qu'à un seul côté du cerveau à la fois. C'est ce qui se passe pour les dyslexiques, qui « surchargent », en quelque sorte, l'un des deux hémisphères, et éprouvent de grandes difficultés à utiliser les deux simultanément.

Au lieu de vivre la vie spontanée et joyeuse que nous pourrions mener en tant qu'êtres humains, nous fonctionnons avec les limitations d'une machine, selon des schémas de comportement contrôlés et rigides. Les handicaps et les maladies dont nous faisons l'expérience sont les symptômes de notre échec à atteindre cet état d'intégration. Lorsque quelqu'un apprend à utiliser son cerveau comme un tout, les handicaps commencent à disparaître. C'est le sujet même de ce livre.

Sur les bases de ma collaboration avec le Docteur Dennison et de ma propre pratique, je ne peux qu'insister sur l'extraordinaire efficacité de cette méthode. Psychologues, médecins, entraîneurs sportifs, éducateurs, parents d'enfants en échec scolaire peuvent en témoigner dans de nombreux pays.

Sept ans se sont écoulés depuis la première publication de cet ouvrage en 1981, et les résultats de la recherche en Kinésiologie Educative ne sont pas restés stationnaires. Mais les tests et les exercices qui sont proposés ici n'en demeurent pas moins le fondement de la Kinésiologie Educative.

Le lecteur remarquera que le texte offre une terminologie scientifique très simplifiée. Là n'est pas le problème : le livre a été avant tout conçu comme une méthodologie, visant à permettre d'obtenir des résultats concrets. La difficulté majeure réside plutôt dans la simplicité de la méthode : c'est pourquoi le lecteur peut trouver difficile de croire que l'on puisse atteindre quelque chose d'aussi spectaculaire.

Toutes ces raisons m'ont incité à faire connaître les travaux du Docteur Dennison au public francophone. Je vous souhaite beaucoup de plaisir à la lecture de ce livre, et surtout à sa mise en pratique. D'autres publications sont d'ailleurs prévues sur ce même thème.

Si vous souhaitez obtenir des informations plus approfondies sur la Kinésiologie Educative, vous pouvez vous reporter aux indications données en fin d'ouvrage.

Freddy POTSCHKA

IFKA

Institut Français de Kinésiologie Appliquée

Note

(1) Petit Larousse médical

PREFACE A L'EDITION AMERICAINE

Le système éducatif américain est en état de crise. Toutes les écoles connaissent le phénomène de l'échec scolaire. Des dizaines de millions d'analphabètes fonctionnels sont sortis de ce système, et leur proportion ne fait qu'augmenter. L'ensemble de la population étudiante est en train de régresser, tant sur le plan de l'expression écrite et orale que sur celui des aptitudes mathématiques de base. A l'entrée des années quatre-vingts, ce sont les enseignants, et leurs compétences, qui sont mis au pied du mur.

Le Ministère de l'Education fait état de trois pour cent d'enfants américains qui auraient des problèmes d'apprentissage, soit environ deux millions de jeunes. Les experts en ce domaine suggèrent des chiffres beaucoup plus élevés — de l'ordre de dix à douze millions — si l'on considère que ce problème concerne autant les étudiants qui échouent au plus haut niveau alors qu'ils seraient susceptibles de réussir, que les enfants gravement handicapés sur le plan scolaire.

Ce livre traite des causes du dilemme éducatif actuel, et des moyens pour en sortir. Les techniques abordées sont fondées sur les découvertes américaines les plus récentes dans le domaine de la psychologie expérimentale et de la neuropsychologie. Elles n'en confirment pas moins nos représentations les plus anciennes en ce qui concerne les modes d'apprentissage et de développement humains.

Les problèmes d'apprentissage ne relèvent pas de la maladie. On peut les considérer comme des « fils croisés » dans le réseau de communication que représente la relation d'un enfant avec son environnement. L'enfant en difficulté scolaire possède ce que l'on pourrait appeler un système « embouteillé », parce qu'il a été « déconnecté ». C'est le résultat du niveau de pression actuel, particulièrement élevé, et de l'angle compétitif sous lequel nous abordons l'éducation. Ironie du sort : il est étonnamment facile de permettre à nos enfants, même désespérés, de reprendre goût à l'excitante aventure qu'est censé être le processus d'apprentissage.

Switching on est un manuel d'espoir. Il concerne aussi bien les parents que les enseignants désespérés d'avoir affaire à des enfants rebelles à tout enseignement. Si on les utilise avec amour et avec confiance, ces techniques simples obtiennent des résultats dans des délais étonnamment brefs. Elles représentent une autre approche de l'apprentissage, une approche nouvelle et révolutionnaire.

Aux adultes qui auraient pu faire l'expérience d'une enfance traumatisante, ou qui auraient appris à haïr l'école, *Switching on* propose une seconde chance. Il n'est jamais trop tard pour retrouver l'enrichissement que le plaisir d'apprendre apporte à l'existence.

AVANT-PROPOS

Dans le processus d'éducation de mon fils, j'ai compris très tôt qu'il n'arrivait pas à apprendre à lire. J'ai pensé qu'il était peut-être un peu lent. Ce n'était qu'une rationalisation. Avec le temps, il devint de plus en plus apparent qu'il ne faisait aucun progrès. Pourtant, il passait toujours dans la classe supérieure à l'école. Les entretiens que j'eus avec les enseignants se révélèrent inutiles, et plus le temps passait, plus nous désespérions. Exaspérés, nous lui fîmes passer des tests de Q.I., et nous apprîmes que notre fils était un garçon dans la norme et que ses capacités d'apprentissage étaient intactes. Il possédait les « outils », mais apparemment on ne lui avait jamais appris à les utiliser.

Heureusement, à cette époque, je travaillais dans un immeuble où exerçait un spécialiste du développement des capacités d'apprentissage chez les enfants aussi bien que les adultes. Dans un accès de désespoir, j'amenai mon fils au thérapeute, le Docteur Paul Dennison. Après l'avoir soumis à des tests exhaustifs, il découvrit que mon fils était dyslexique, autrement dit qu'il se trouvait dans une condition où l'individu éprouve des difficultés de lecture, dues à une diminution de la coordination perceptive. Après des mois d'entraînement concerté, avec une méthode de lecture appropriée, il retourna à ses études et passa en tête de sa classe. Ce fut une leçon pour nous. Quand une de nos filles montra des signes de dyslexie, nous retournâmes voir le Docteur Dennison, et les résultats furent aussi positifs que la première fois.

Au fil des années, mon estime pour le Docteur Dennison ne fit que croître, à mesure que je voyais les personnes que je lui adressais faire l'expérience de l'efficacité de son travail.

Je fus également très impressionné par l'investissement intellectuel inusité qu'il apportait à la réalisation de ses objectifs. Il avait le sentiment de se battre contre une sorte de mur invisible, et son bonheur était complet lorsqu'il parvenait à le franchir. Si seulement il y avait des moyens de passer à travers plutôt que d'avoir à l'escalader.

Le docteur Dennison était un de mes patients, et, au bout de quelque temps, je commençai à me poser des questions sur la possibilité qu'il y eût quelque rapport entre les mécanismes physiques et les problèmes de perception. Etait-il possible que quelque déséquilibre musculaire pût agir comme un handicap au niveau des mécanismes de la lecture ? Dennison fut particulièrement intéressé par mon utilisation de la kinésiologie appliquée. Le fait de voir des muscles qui « testaient faible » en réponse aux techniques de toucher pourtant légères de la réflexologie l'intriguait beaucoup. Au fil des années, il passa en revue les concepts de la réflexologie, sans trouver aucun moyen de les appliquer à son travail.

Après avoir suivi des cours de techniques d'équilibrage musculaire, le docteur Dennison sentit qu'il avait trouvé la clef des problèmes sur lesquels il travaillait. Il décida de pratiquer un test musculaire sur un de ses étudiants. Avant toute chose, il lui demanda de tenir la tête droite en même temps qu'il suivait des yeux un objet en mouvement. C'est ce qu'on peut appeler le test de « tracking ». Comme d'habitude, il y eut un moment de confusion très apparent quand il atteignit la ligne médiane. C'était comme un « mur invisible » que les yeux n'arrivaient pas à franchir. Dennison demanda alors à l'élève d'exécuter une marche en

« cross-crawl », autrement dit de marcher en levant le bras et la jambe opposés, en alternant le mouvement de façon répétée. Puis il essaya de nouveau le test de « tracking ». Le mur, cette fois, semblait avoir disparu. Il testa selon une procédure soigneuse l'acuité visuelle de l'étudiant, et fut impressionné par la motivation avec laquelle le jeune homme semblait répondre aux consignes de lecture et aux tests de perception.

Dans les mois qui suivirent, Dennison élargit le champ de ses procédures de tests musculaires, et commença à établir un compte-rendu détaillé des zones de faiblesse, et des réponses qu'il obtenait à partir de la réflexologie. C'est à ce moment-là qu'il m'appela pour me parler de ses recherches. Il avait l'impression que ce serait extrêmement intéressant pour l'objectif qu'il essayait d'atteindre avec ses étudiants de leur faire passer un examen physique et une évaluation musculaire, pratiqués par un médecin chiropracteur.

Je travaillai avec lui pendant plusieurs mois. Le travail était aussi stimulant intellectuellement que gratifiant sur le plan émotionnel : nous avions l'impression de « libérer » des gens ligotés par les problèmes de perception. Avec l'utilisation de sa kinésiologie éducative, le docteur Dennison découvrit bientôt qu'il pouvait aider n'importe qui et quel que soit son objectif d'apprentissage. Si l'on considère les fantastiques capacités de l'esprit humain — l'ordinateur le plus incroyable qui ait jamais été conçu —, nous sommes tous des handicapés de l'apprentissage, et nous n'avons pas conscience de notre potentiel réel. Si nous n'utilisons que dix pour cent de notre cerveau — et nous sommes probablement très en dessous de ce chiffre —, c'est donc qu'il existe un mécanisme de blocage qui nous emprisonne. Si vous voulez vaincre ce handicap, pour découvrir votre potentiel et ces capacités illimitées de développement, ou si vous voulez vous libérer vous-même, ainsi que ceux que vous aimez, pour aller vers une vie meilleure, je vous suggère de lire ce livre avec attention.

Richard A. Tyler, D.C.

Juin 1981

Poème

(Récité par Goldie Hawn, Ecrit par Digby Wolfe)

Aux enfants qui sont différents;
Aux gosses qui n'ont pas toujours vingt sur vingt,
Aux gosses qui ont les oreilles deux fois plus grandes que les autres,
Ou des nez de Pinocchio.

Aux enfants qui sont différents;
Ceux qui ont toujours un temps de retard,
Les gosses que tout le monde tourmente,
Ceux qui ont des bosses aux genoux,
Et dont les baskets sont toujours mouillées.

Aux enfants qui sont différents;
Les espiègles, les polissons,
Car lorsqu'ils grandissent
Comme l'histoire le montre,
C'est leur différence qui les rend uniques.

CHAPITRE UN

INTRODUCTION

Qu'est-ce que la Kinésiologie éducative ?

La Kinésiologie éducative est un outil d'une valeur inestimable pour les parents et les enseignants. C'est une synthèse unique de la kinésiologie appliquée et des théories de l'apprentissage. Son objectif est de faciliter l'acquisition des connaissances, et d'éliminer toute incertitude dans le processus éducatif. La compréhension de la façon dont l'énergie peut être bloquée et libérée améliore non seulement l'apprentissage, mais aussi la qualité de la vie.

La Kinésiologie appliquée nous fournit de nouvelles perspectives sur les processus d'enseignement et d'apprentissage. La Kinésiologie est l'étude des muscles, et la science qui permet de les tester et de les équilibrer. Parler de Kinésiologie appliquée signifie que nous utilisons l'information que les muscles peuvent nous donner sur le corps et sur le psychisme et que nous les appliquons pour faciliter notre travail.

La majeure partie des connaissances sur lesquelles se fonde la Kinésiologie éducative est relativement ancienne. On reconnaît le mérite de l'invention connue sous le nom de « test musculaire » à John Goodheart, D.C.

John F.Thie, D.C, l'auteur de « Touch for Health [1] » a synthétisé cette information pour les non-spécialistes. L'application de la kinésiologie à l'éducation résulte des recherches de l'auteur au Valley Remedial Group, un centre de rééducation de l'apprentissage en Californie.

Il ne faut pas confondre Kinésiologie éducative et rééducation psycho-motrice. Ces deux approches ont des objectifs communs : l'amélioration de la santé et des capacités d'apprentissage à travers l'équilibre et la coordination. Elles sont en réalité bien différentes. La Kinésiologie éducative comporte des exercices psycho-moteurs, mais elle en élimine la plus grande partie, car elle les considère comme superfétatoires. La Kinésiologie éducative n'est pas une méthode en soi, mais plutôt un outil qui permet d'accroître l'efficacité de toute méthode pédagogique.

La Kinésiologie éducative envisage le corps et l'esprit comme un tout. La posture d'un individu est son « langage du corps ». Si nous nous autorisons à lire ce qu'une personne nous dit avec son corps, nous la comprenons mieux. Même si nous comprenons le fonctionnement du cerveau et les processus d'apprentissage, l'observation peut nous fournir des indices supplémentaires. En Kinésiologie éducative, les interventions qui visent à améliorer la posture rendent tout apprentissage plus facile, dans la mesure où tout stress inutile est éliminé. C'en est la partie la plus excitante.

Notre philosophie accepte l'*apprenant* comme étant une personne unique, naturellement bonne, capable de se développer et d'apprendre, pourvu qu'un environnement approprié lui soit donné. C'est sur ce principe qu'elle est fondée.

D'une manière générale, nous avons évité de catégoriser les gens, de leur coller des étiquettes comme « handicapé » ou « dyslexique ». C'est une pratique répandue dans la profession médicale parce qu'elle s'occupe de traitement des maladies. Nous avons plutôt cherché à aider nos étudiants à se développer pleinement, à intégrer des modes sensoriels pour apprendre à fonctionner en tant qu'individus complets.

Dans la mesure où le développement personnel est notre principe de base, nous avons encouragé nos thérapeutes à être créatifs et à émettre des suggestions, sans mettre en avant une méthodologie donnée comme supérieure à toute autre. Nous croyons qu'il existe de nombreuses méthodes « justes » qui entrent dans le cadre général de notre philosophie.

Chaque enfant apprend différemment. Il ne ressemble pas plus à un autre enfant qu'une empreinte digitale ne ressemble à une autre. L'enseignant compétent et expérimenté trouvera bien des méthodes et des idées qui lui permettront de faire coïncider une approche thérapeutique et un diagnostic. Au fur et à mesure de la croissance, le diagnostic doit changer en même temps que l'enfant. Il n'est jamais statique.

Nous pratiquons l'éclectisme depuis des années, puisant des informations et des idées à de nombreuses sources. Notre démarche thérapeutique utilise des techniques empruntées aux spécialistes du langage, aux optométristes et aux chiropracteurs. Dans notre quête de solutions alternatives, nous avons été obligés d'aller au-delà du cadre de référence habituel en éducation.

Notre philosophie repose sur deux principes : la conscience, et l'efficacité. Ces techniques nous ont apporté des résultats positifs. Nous avons aidé certains enfants à rattraper trois années scolaires en une seule. Nous avons vu des résultats de tests de Q.I monter en flèche. Nous avons constaté des changements de personnalité. Nous avons aidé à transformer les « je ne peux pas » en « je peux ! ». Nous continuons à rechercher des méthodes nouvelles et meilleures pour atteindre nos objectifs, en même temps que nous améliorons et que nous affinons notre compréhension du passé.

Avant d'aller plus loin dans ce livre, posez-vous ces quelques questions :
— quelle est ma philosophie de l'éducation ?
— quelle est ma vision du rôle fondamental de nos écoles ?

Prenez quelques notes, puis laissez-les de côté. Vous les relirez lorsque vous aurez terminé ce livre.

Si vous avez éprouvé quelque difficulté à exprimer votre conception du processus d'apprentissage, sachez que vous n'êtes pas le seul : ces problèmes inspirent les poètes et les philosophes depuis des siècles. L'incertitude provient du fait que nous avons tous été conditionnés par un système qui récompense avant tout la pensée objective, verbale, linéaire. Notre conception de l'intelligence est fondée sur des aptitudes à la logique, au raisonnement, à la pensée scientifique. Ce sont de telles aptitudes qui expliquent les résultats élevés aux tests de Q.I, et notre société technologique est faite à leur image. Cet état de conscience provient de la pensée « cerveau gauche », et nous avons tous appris qu'il fallait exceller dans ce domaine.

Ce livre vous donnera de nouvelles perspectives sur l'apprentissage, sans pour autant nier la validité des principes précédents. Son objectif est de montrer l'importance d'un Q.I élevé de type « cerveau droit », et d'expliquer comment réaliser un équilibre « cerveau droit/cerveau gauche » par des moyens tels que le toucher, le mouvement, la posture, la respiration et l'amour.

Note

(1) La Santé par le Toucher.

CHAPITRE DEUX

Les tests musculaires

L'importance du toucher.

La Kinésiologie éducative utilise la méthode des tests musculaires en tant qu'outil diagnostique et thérapeutique. C'est ce qui nous permet d'entrer en contact avec l'énergie naturelle du corps. Le test musculaire exige ce contact physique avec les autres, ce qui, en soi, est extrêmement bénéfique.

La culture occidentale contemporaine a si bien glissé vers un traitement de l'information de type multi-media que nous en avons oublié le toucher et la sensation. Notre langage est saturé d'expressions qui font appel à des représentations auditives ou visuelles, telles que « je vois ce que vous voulez dire », « j'entends bien », ou « je vais voir ce que je peux faire ». Nous parlons rarement de ce que nous ressentons, et même quand nous demandons à quelqu'un comment il se porte, toute autre réponse que « Bien, merci » nous laisse sans réaction.

La science a prouvé que le contact physique était nécessaire pour que le développement physique et mental soit normal. Les hôpitaux emploient des femmes dont le métier est de prendre les enfants dans leurs bras, de les bercer, et de s'en occuper quand la mère n'est pas disponible. Il existe aussi des preuves selon lesquelles les résultats aux tests de

Q.I sont significativement plus élevés si le sujet a été allaité par la mère, ou s'il a reçu d'autres types de stimulation physique.

La société nous a conditionnés à penser que le toucher était réservé, soit à la punition, soit au rapport sexuel. Il existe un auto-collant qui dit : « Avez-vous embrassé votre enfant aujourd'hui ? ». On peut se demander si les parents ont vraiment besoin qu'on leur rappelle qu'ils doivent aimer leurs enfants. Combien d'enfants sont-ils agressifs parce qu'ils préfèrent une fessée au manque de contact physique. Combien de jeunes gens sont-ils tellement affamés de contacts qu'ils s'engagent dans des rapports sexuels pour lesquels ils n'ont pas la préparation émotionnelle requise ?

L'un de nos amis attend avec impatience sa visite mensuelle chez le coiffeur, tant il aime la sensation que le shampooing lui procure. Il arrive que ce soit uniquement pour les soins qui impliquent un contact que nous allons chez le médecin, ou chez le chiropracteur. C'est ce contact qui est thérapeutique. C'est ce que la Kinésiologie éducative va nous aider à expliquer.

Quand nous touchons l'autre, ou quand nous pratiquons un test musculaire, nous entrons dans l'espace vital de la personne. Représentez-vous une couche d'environ cinquante centimètres qui vous entoure, et qui entoure également votre partenaire. Quand vous pénétrez dans cet espace, vous entrez dans le champ d'énergie de l'autre, et vous mêlez son énergie à la vôtre. Votre énergie affecte la sienne et réciproquement. C'est ce que démontrent les tests musculaires. Si vous êtes bien préparés à cette rencontre, les expériences que vous ferez seront positives, et vous en aurez tous les deux une compréhension satisfaisante.

Se préparer au test musculaire.

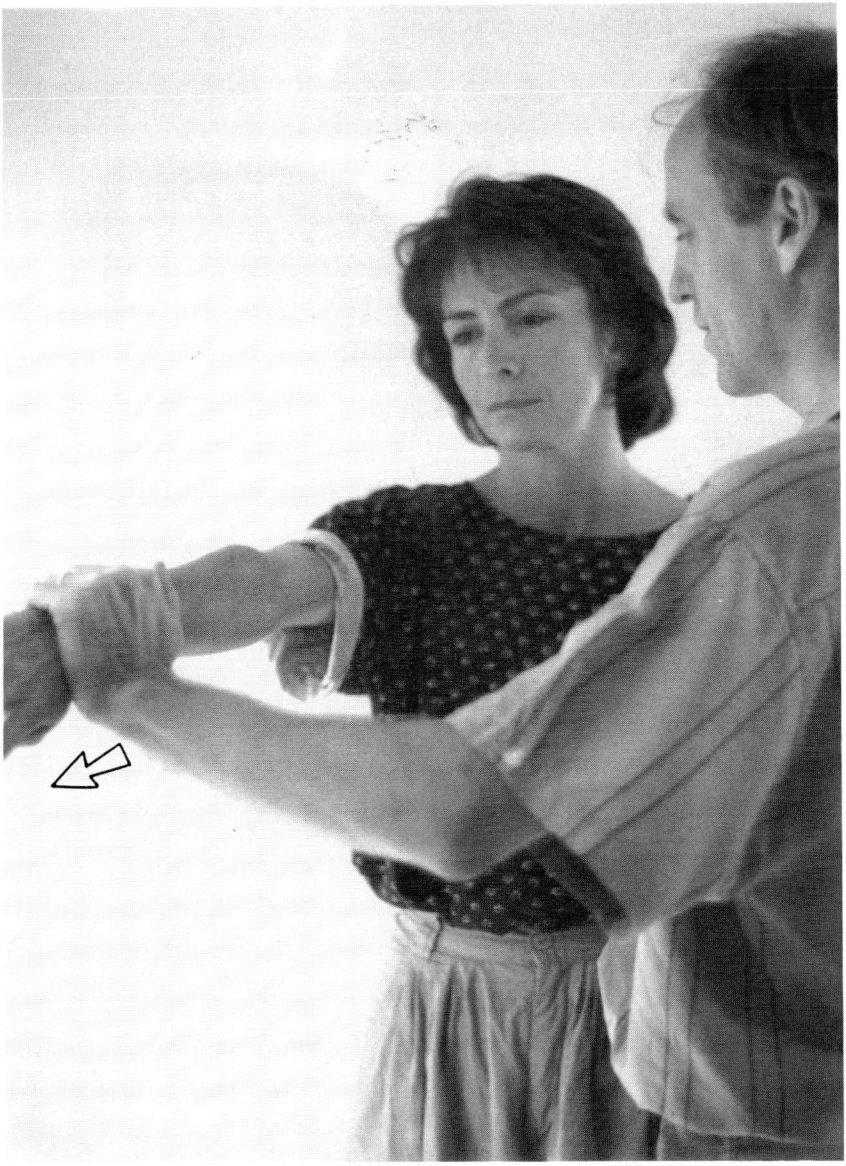

Fig.2 : Test du grand Pectoral claviculaire.

La Kinésiologie éducative vous offre un certain nombre de suggestions pour vous préparer mutuellement à la pratique des tests musculaires :

— atteindre votre propre état d'équilibre physique, émotionnel et spirituel grâce au techniques de Kinésiologie éducative que vous allez apprendre tout au long de ce livre.

— adopter une attitude d'aide et d'amour inconditionnel envers la personne que vous allez tester

— adopter une posture centrée, dans laquelle vous protégez votre propre champ d'énergie, comme derrière un bouclier, contre tout élément négatif que la personne testée pourrait vous transmettre

— adopter une attitude de détachement, attitude qui n'exclut pas l'amour, dans laquelle vous n'attendez aucune autre réponse particulière de votre sujet que la réponse que son corps vous donne.

Qu'est-ce que la pratique des tests musculaires ?

La pratique des tests musculaires consiste à isoler et à tester un muscle à la fois, dans le but de déterminer s'il donne une réponse forte ou faible (cette notion étant relative par rapport à la force physique de l'individu testé). L'objectif est de détecter un déséquilibre d'énergie. La question se pose dans ces termes : quel est l'événement à l'origine de la « mise hors circuit » du muscle ? Nous employons les mots « fort » et « faible » dans le contexte bien particulier des tests musculaires. Nous les employons au sens de « connecté » ou « déconnecté », « on » ou « off ». Les muscles donnent une réponse « faible » quand il y a un court-circuit dans le courant d'énergie qui va du cerveau au muscle.

Nous apprendrons beaucoup de choses sur les multiples causes possibles de telles interruptions dans le flux d'énergie. Dès maintenant, souvenez-vous que lorsque nous testons des muscles, c'est l'énergie que nous testons, non la force physique.

Nos recherches au Valley Remedial Group nous ont montré que certains muscles précis, que vous allez apprendre à tester, nous fournissent toutes les informations dont nous avons besoin pour apprendre mutuellement. Les enfants et les adultes qui ont des difficultés d'apprentissage montrent tous des blocages d'énergie lorsque l'on teste ces muscles. Dans la plupart des cas, lorsque l'on renforce ceux-ci grâce aux techniques de la Kinésiologie éducative, les résultats scolaires ou universitaires s'améliorent de façon spectaculaire.

La technique des tests musculaires présente autant de simplicité que de sécurité. Ce n'est en aucun cas une figure d'autorité qui émet un jugement arbitraire. C'est le muscle qui est soit *fort* soit *faible.* L'apprenant ressent que le muscle est faible. Il ressent aussi le processus de renforcement. C'est un avantage aussi bien pour le testeur qui établit le diagnostic, que pour l'apprenant qui fait l'expérience du processus de changement, ressent le rééquilibrage, ressent ses capacités de coordination lui revenir, et se prépare à apprendre dans de nouvelles conditions.

Qu'est-ce qu'un muscle indicateur ?

Tout test musculaire nous indique quelque chose. L'**objectif** d'un test musculaire est quelque chose de très important. Quand nous testons un muscle, nous posons une question au corps et au champ d'énergie. Par exemple, quand nous testons le Sus-épineux, nous demandons au corps s'il existe un blocage d'énergie lié au surmenage intellectuel. Quand nous testons le Grand Pectoral clavicu-

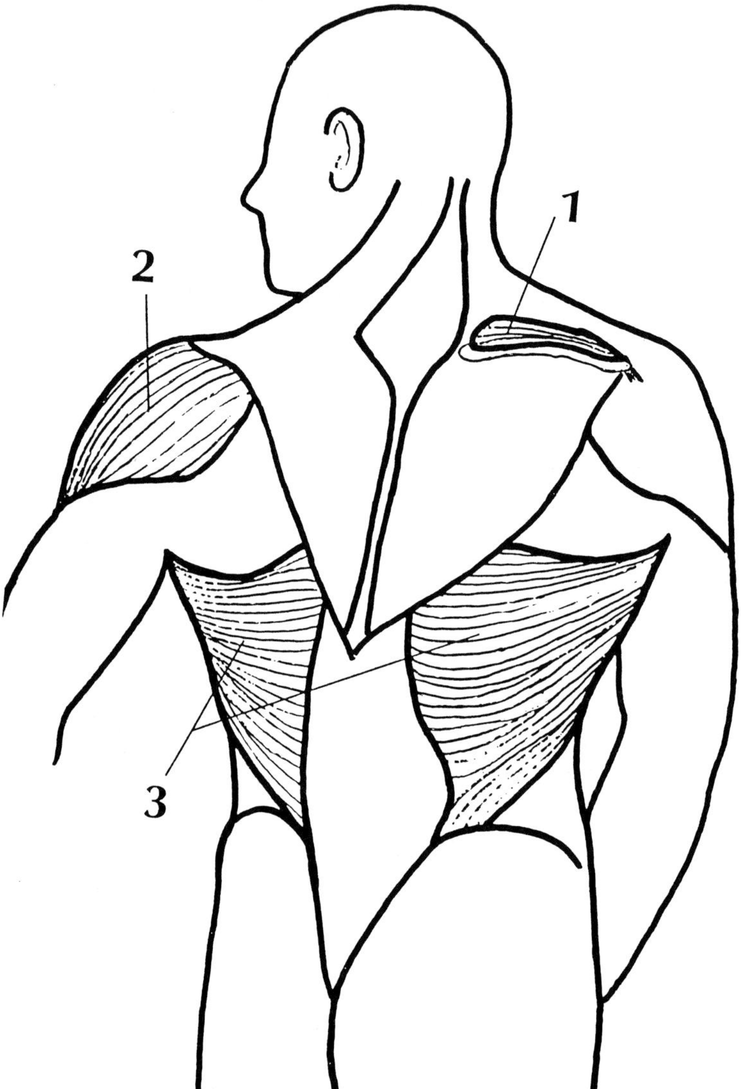

Fig.3a : LES MUSCLES (vus de dos) :
les quatre muscles utilisés dans la kinésiologie éducative sont :
1. Le Sus-épineux
2. le Deltoïde
3. Le grand Dorsal

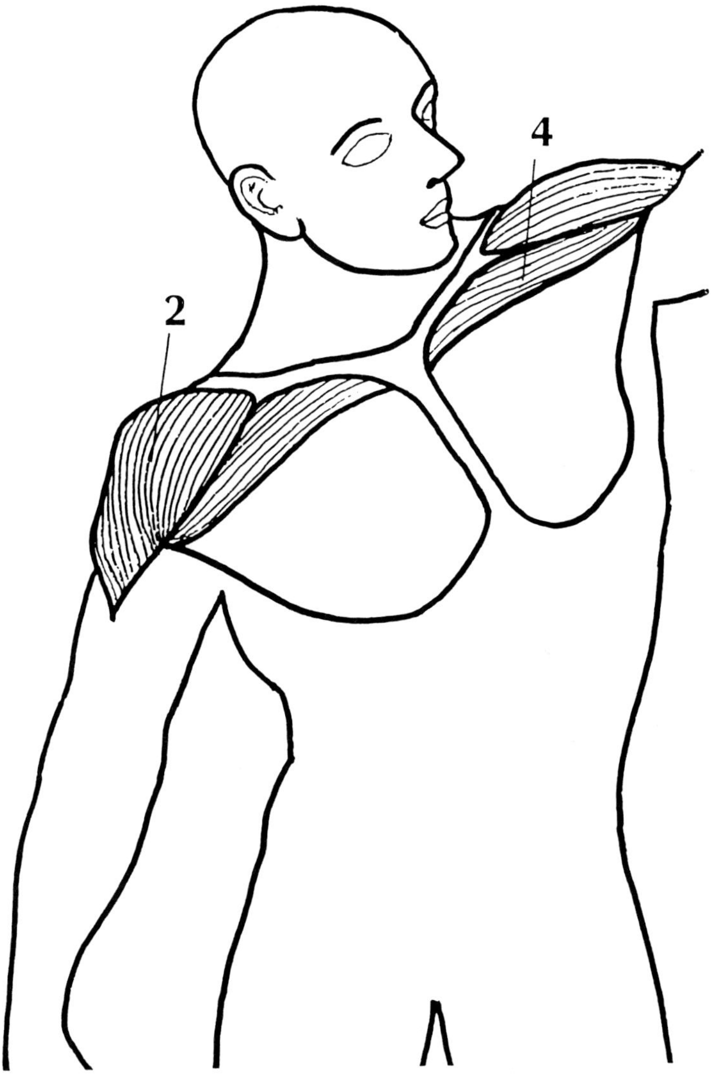

Fig.3b : (vue de face) :
2. le Deltoïde
4. Le grand Pectoral claviculaire

laire, nous lui demandons si le blocage d'énergie est en rapport avec le stress émotionnel. Quand nous testons le Grand Dorsal, la question que nous posons au corps concerne le métabolisme du sucre et les allergies alimentaires. Un muscle intéressant à utiliser, parce qu'il est habituellement fort, et aisément accessible sans déséquilibrer le corps, que ce soit en position assise ou debout, est le Deltoïde [1].

Comment tester un muscle ?

Pour tester un muscle, nous exerçons une pression dans la direction opposée à celle du mouvement normal du muscle. Par exemple, le muscle deltoïde est situé dans l'épaule, et permet au bras de se lever lorsqu'il se contracte. Essayez sur vous-même. Mettez une main sur votre épaule et levez le bras. Vous sentez que votre épaule se tend et se contracte au fur et à mesure que votre bras se lève. Maintenez maintenant votre bras dans cette position. Le test musculaire du Deltoïde impliquera une pression visant à abaisser le bras alors que vous vous opposez à cette pression. Vous pouvez tester le muscle à n'importe quel endroit dans les limites de son rayon d'action. Choisissez une position confortable pour vous et votre partenaire.

Quand vous testez un muscle, il ne s'agit pas d'essayer de le faire céder. Ce que vous cherchez, c'est l'aptitude à verrouiller le muscle. Semble-t-il « connecté » ou « déconnecté » ? La principale difficulté dans l'apprentissage des tests musculaires réside dans la tendance à exercer une pression trop importante. On peut faire céder n'importe quel muscle, surtout chez les enfants. Les seuls qui fassent exception se rencontrent chez des individus très musclés qui pratiquent le body-building. Cherchez la sensation de verrouillage, et laissez aller. Voici les étapes à suivre pour tester les quatre muscles représentés : figures 3a et 3b :

— déterminer le rayon d'action du muscle isolé en faisant bouger le bras de haut en bas, dans la direction dans laquelle le muscle fonctionne.

— expliquer le test en disant : « je vais pousser sur ton bras comme ceci. Tu le retiens pour m'en empêcher ».

— tester le muscle en disant : « Prêt ? Tu tiens ? ».

— tester la paume ouverte. Maintenir la pression deux secondes. Si le le bras s'abaisse de cinq centimètres, il est faible.

— garder une trace des résultats (par exemple : Sus-épineux Droit fort, Deltoïde faible).

Préparer l'autre pour le test musculaire.

Nous avons déjà parlé de la façon dont on se prépare soi-même à tester. Pour préparer votre sujet, il importe que vous lui disiez ce que vous allez faire et pourquoi. Vous ne devez pas oublier les points suivants :

— la personne connaît-elle une raison pour laquelle le test d'un muscle donné serait contre-indiqué (une blessure par exemple) ? Il vaut mieux poser la question avant le test que d'avoir des surprises.

— la personne contrôle le test autant que vous. S'il se produit quelque chose de douloureux ou de désagréable, elle doit le signaler clairement afin que vous arrêtiez le test.

— c'est l'aptitude à verrouiller le muscle que vous testez. Il ne s'agit pas d'un combat ni d'une partie de bras de fer. Vous travaillez ensemble à découvrir des déséquilibres d'énergie. Invitez la personne à coopérer et gardez le sens de l'humour.

Lisez maintenant le chapitre 3 et exercez-vous aux tests musculaires. Il n'y a rien de plus simple. Les positions du testeur et de la personne testée sont illustrées figures 4 à 7.

Le rayon d'action suit la direction de la main gauche du testeur (voir les flèches). Rappelez-vous que vous n'allez pas jusqu'au bout de ce rayon d'action lorsque vous testez. Si le muscle cède de cinq centimètres, il est faible. Il est intéressant de poser une main sur l'épaule opposée. Cela permet à la personne testée de se décontracter. C'est également un geste rassurant.

Si vous désirez des renseignements supplémentaires sur les tests musculaires, je vous suggère de lire « *Touch for health* » de John Thie. Le docteur Thie propose un programme complet de rééquilibrage de l'énergie grâce à des techniques qui utilisent exclusivement le toucher.

Note

(1) Voir les figures 3a et 3b pour la localisation des muscles.

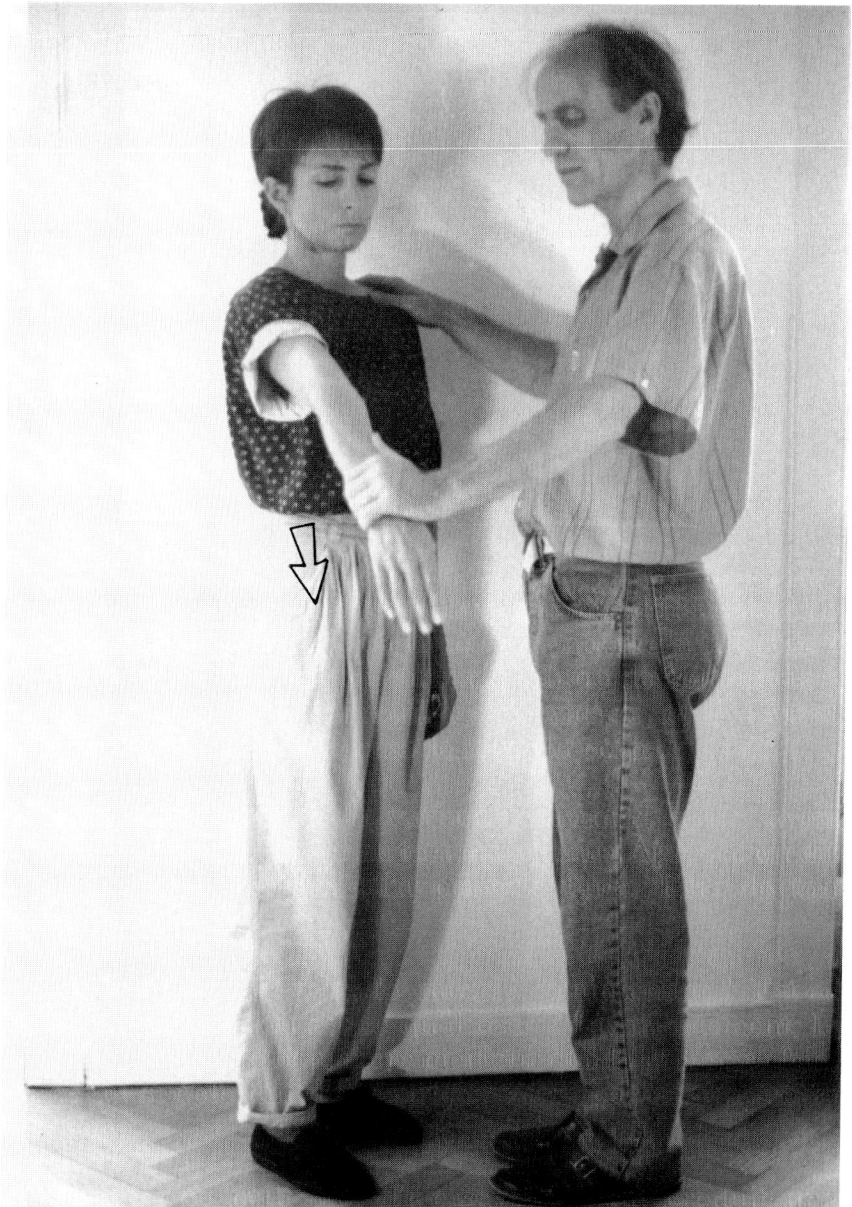

Fig.4 : test du Sus-épineux.
Exercez une pression vers le bas en direction de la ligne médiane du corps (voir la flèche).

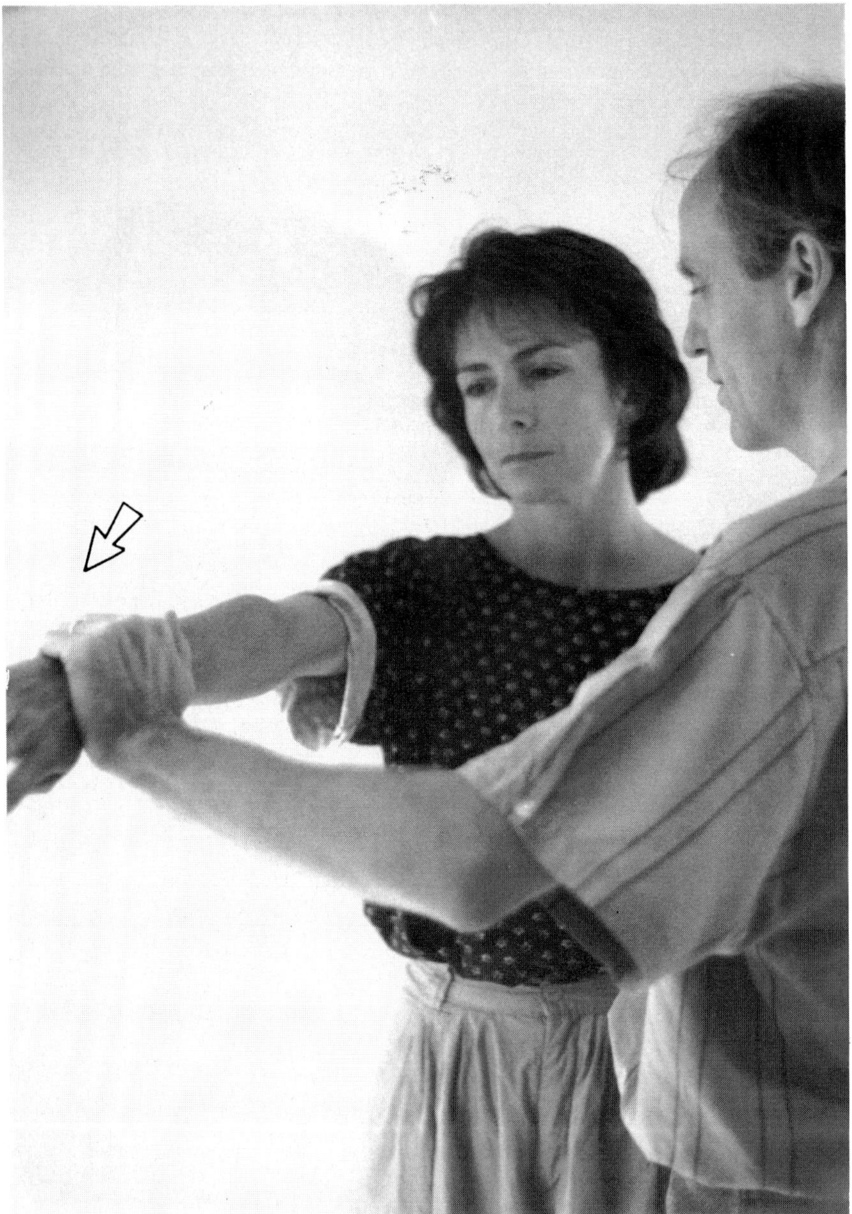

Fig.5 : Test du grand Pectoral claviculaire.
Exercez une pression vers le bras en écartant le bras du corps (voir la flèche).

Fig.6 : Test du grand Dorsal.
Votre partenaire tourne la paume de sa main vers l'extérieur. Il a le bras « collé » au corps. Vous essayez de le décoller.

Fig.7 : Test du Deltoïde.
Exercez une pression vers le bas, comme si vous vouliez rapprocher le bras du corps.

CHAPITRE TROIS

L'énergie et l'environnement

Dans le chapitre précédent nous avons exposé la technique des tests musculaires et nous avons introduit le concept de l'énergie qui circule dans notre espace vital. Nous avons appris à tester certains muscles, et nous avons vu qu'un muscle faible signifiait un blocage d'énergie à un niveau ou à un autre dans le système. Dans ce chapitre, nous approfondirons la question de l'énergie. Nous verrons, comme l'expérience le démontre, que nous sommes tous, en quelque sorte, Energie, et donc sujets aux influences de l'environnement. Ni notre raison ni notre conscience n'exercent de contrôle sur cette influence.

Une participation active est impérative si nous voulons apprendre quoi que ce soit à propos de l'énergie. Il existe beaucoup de livres sur le sujet. Mais il en est peu qui comprennent la vraie nature de cette force. On peut l'appeler Chi, Prana, Energie Cosmique ou Amour. Beaucoup acceptent son existence, et en font même un acte de foi, mais peu la ressentent et savent réellement l'utiliser. La pratique des tests musculaires permet aux plus sceptiques de faire l'expérience d'une partie de son pouvoir. Il n'est pas nécessaire de comprendre le phénomène. Il s'agit seulement de faire l'expérience de ce qui se passe lorsque le muscle est « on » ou « off ». C'est la seule façon de reconnaître qu'il se passe quelque chose. C'est suffisant pour que la Kinésiologie éducative soit efficace.

Qu'est-ce que la couleur ?

Nous vivons dans un monde plein de couleurs. Les gens parlent de leurs couleurs préférées : « je déteste le bleu », « j'adore le vert », « le rouge me rend malade ». Quelles sont les propriétés des couleurs ? En quoi peuvent-elles affecter notre humeur et notre capacité de concentration ?

Les couleurs sont faites d'énergie et correspondent à différentes fréquences de vibration. Elles ont plusieurs façons d'influencer le champ énergétique. Notre corps possède un certain nombre de centres d'énergie. Ceux-ci sont en phase avec certaines fréquences. Certaines d'entre elles favorisent l'équilibrage énergétique de l'ensemble du corps. D'autres fréquences concentrent l'énergie : le résultat de cette surcharge est ce que nous appelons « état *off* ».

Faites des tests musculaires sur la base de la couleur : vous verrez comment elles influent sur votre propre énergie. Travaillez avec un partenaire. Utilisez n'importe quel muscle indicateur. Le Deltoïde est parfait pour ce type de test.

Etapes à suivre dans la pratique des tests musculaires sur les couleurs et les autres facteurs de l'environnement.

1. Testez d'abord le muscle indicateur pour vérifier qu'il est fort. C'est ce que nous appellerons faire un test neutre.

2. Choisissez dans l'environnement le facteur que vous voulez tester.

3. Demandez à votre sujet de se concentrer sur ce facteur. Par exemple : « regarde le rose de la blouse de Françoise ».
La plupart des objets peuvent être touchés, ou tenus dans la main.

4. Testez le muscle indicateur.

5. Notez maintenant l'état du muscle : est-il fort ou faible ?

6. Intéressant, n'est-ce pas ? Regardez maintenant le bleu du ciel. Le muscle indicateur est-il fort ou faible ?

7. Parlez-en avec votre partenaire et répétez le test si nécessaire.

8. Testez plusieurs couleurs. Lesquelles semblent-elles affaiblir le muscle, le mettre en état « off » ? Lesquelles semblent-elles renforcer le muscle, le mettre en état « on » ?

Karen enseignait dans le primaire. Elle observa des changements immédiats dans sa classe quand elle commença à porter du vert, du bleu et du violet au lieu de l'orange, du rose et du rouge dont elle avait l'habitude.

Les sons et la musique.

Nous avons introduit l'idée selon laquelle certains rayons lumineux, lorsqu'ils touchent notre champ d'énergie à une fréquence vibratoire déterminée, peuvent perturber notre équilibre. Nous pouvons donc étudier maintenant plus facilement le son. Nous savons déjà par ailleurs que ce que nous percevons est la vibration qui frappe nos tympans.

Nous avons tous fait l'expérience de l'importance de la musique et de la façon dont elle influence nos émotions. Les bandes sonores des films peuvent nous faire ressentir terreur ou nostalgie. La musique peut nous donner envie de marcher au pas ou de danser dans l'abandon et la frénésie. Certains sons favorisent le sommeil, d'autres le travail. Testons la façon dont certains sons quotidiens affectent nos niveaux énergétiques.

Suggestions pour tester les sons et la musique.

1. de l'eau courante

2. de la musique rock

3. de la musique classique : a) — allegro
b) — andante.

4. des bruits d'équipements ménagers et de machines.

Procédure.

1. Faites un test neutre sur un muscle indicateur.

2. Passez trente secondes de musique rock.

3. Testez à nouveau le muscle indicateur.

4. Est il fort ou faible ? Notez vos observations.

Il existe une technique d'apprentissage connue sous le nom de « Superlearning » . Elle est présentée dans le livre d'Ostrander et Schroeder qui porte ce titre. Dans cette méthode, certaines expériences utilisent des enregistrements de musique classique. Ce sont des morceaux lents et imposants — environ 60 pulsations par minute, qui aident les étudiants à apprendre des langues étrangères d'une façon décontractée, passive, réceptive, libérée de l'anxiété. Nous obtenons des résultats similaires quand nous utilisons la musique dans le cadre de notre travail sur le handicap scolaire au Valley remedial Group. William est un fan de rock. Il demande à ré-entendre cette musique « lente » parce qu'elle l'aide à se concentrer. Stan conserve une performance correcte en lecture lorsqu'il écoute une musique de fond tranquille et douce. Qui plus est, les thérapeutes font preuve d'une patience accrue depuis que nous travaillons avec la musique. C'est peut-être le développement le plus significatif de nos recherches.

Alimentation et champs énergétiques.

Lorsqu'on évoque les blocages d'énergie, le principal accusé dans notre environnement est sans doute la nourriture industrielle. L'industrie de la diététique est en pleine expansion depuis plusieurs décennies. Nombre de livres et d'émissions de télévision nous bombardent d'informations sur l'importance d'un régime équilibré et vitaminé. La Kinésiologie éducative ne donne son aval à aucun régime particulier. Prescrire un régime ou un apport de vitamines est l'apanage de la profession médicale. La Kinésiologie éducative ne peut qu'aider chacun à décider de lui-même quelle sorte d'alimentation lui donne le maximum d'énergie, par rapport à ce qui semble affaiblir cette énergie. Il suffit de choisir un certain nombre d'aliments dont vous avez l'habitude ou dont vous avez envie. Mettez-les un par un dans votre bouche, sans avaler. Rincez votre bouche avec de l'eau entre chaque aliment. Divisez une feuille de papier en trois colonnes. Vous allez en effet découvrir que les aliments sont du type « fort », du type « faible » ou du type « neutre ». Un aliment fort renforce un muscle faible. Un aliment faible affaiblit un muscle fort. Un aliment neutre n'a aucun effet particulier sur le muscle. Celui-ci demeure faible ou fort en fonction de l'aliment précédemment consommé.

Mary-Jane arriva un jour en classe en serrant sur son coeur un paquet de biscuits. Ce fut pour elle un réel soulagement de constater que le test était neutre. Elle n'avait vraiment pas envie de renoncer à ses biscuits.

Vous pouvez répéter le test sur les aliments au bout de quelques semaines ou de quelques mois : les résultats des tests changeront à mesure que vous serez plus centré et plus équilibré. Il importe que vous preniez conscience du fait que ces tests n'ont de valeur que dans une situation donnée. C'est dans telle situation que tel aliment provoque tel type de réponse. Si vous faites des expériences sur la base de vos observations, si vous éliminez un aliment et si le résultat obtenu est une meilleure forme générale, des performances accrues et un niveau d'énergie plus élevé, alors le résultat est clair.

Le pouvoir des mots.

« C'est un problème de communication ». C'est une expression que nous entendons souvent. Elle n'en est pas moins vraie pour autant. Il suffit d'essayer d'écrire un livre, ou d'enseigner, et vous constaterez immédiatement l'ambiguïté intrinsèque au langage. L'expérience de chaque personne est unique, et c'est ainsi qu'elle la vit, mais les mots que nous employons, s'ils ont la même signification, peuvent avoir des connotations totalement différentes. Les mots qui désignent des notions floues ou subjectives constituent un bon exemple : que veulent dire exactement les expressions « bon », « grand », « tard » ?

Quand il s'agit d'apprendre ou d'accomplir certaines tâches, il semble qu'un certain nombre de mots ait le pouvoir de faire baisser le niveau d'énergie. Ce sont des mots qui ont une connotation négative, ou qui évoquent l'échec, même si l'intention consciente semble différente. Personne n'aime être jugé. L'emploi de mots qui peuvent sous-entendre un jugement de valeur crée inutilement du stress.

Faites un test musculaire sur ces mots avec votre partenaire. Si le muscle indicateur se révèle faible, choisissez une autre manière pour exprimer la même idée. Je pense que vous trouverez cela très intéressant.

Mots-tests	*Expressions de remplacement*
Ne pas pouvoir	Etre incapable
Essayer	Faire, Etre
Oublier	Ne pas se rappeler
Echouer	Ne pas réussir
Espérer	Vouloir
Perdre	Ne pas gagner
Essayer d'atteindre	Atteindre
Problème	Défi

Matières naturelles et Matières plastiques.

Notre environnement devient de plus en plus artificiel, synthétique, et manufacturé. Beaucoup d'entre nous sont sensibles à ce monde rempli de plastique, qui affecte négativement notre équilibre énergétique. Le bon sens veut que nous profitions des avantages de la vie moderne, mais il faut aussi éliminer les plastiques dont nous n'avons pas vraiment besoin. Nous faisons partie de la nature, et notre évolution implique que nous vivions avec la nature. Plus nous restons en contact avec la nature et mieux nous fonctionnons.

On peut établir une liste infinie d'éléments naturels et d'éléments synthétiques. C'est pourquoi il vaut mieux que vous testiez ceux qui vous semblent « forts » ou « faibles ». Vous trouverez ci-dessous une liste que nous avons testés avec nos étudiants :

— les meubles en bois, comparés aux meubles en formica ou en plastique.

— les bijoux en plastique, comparés aux pierres naturelles.

— les vêtements en fibres synthétiques, comparés à des matières telles que le coton, la laine, la soie, le cuir.

— les lumières artificielles et naturelles.

— le maquillage, synthétique ou naturel.

La télévision.

La télévision, comme le cinéma, imposent à nos yeux de fonctionner dans un plan à deux dimensions, ce qui n'est pas naturel. C'est un facteur de déséquilibre, et probablement d'aggravation de l'état d'un enfant qui a déjà des problèmes visuels. Pratiquer un test musculaire sur quelqu'un qui regarde la télévision montre à l'évidence une influence négative sur son équilibre énergétique. Faites le test sur vous-même. A moins que vous ne puissiez trouver une bonne raison, évitez la télévision, et réduisez systématiquement le temps que vos enfants consacrent à la regarder.

Les personnes.

Il se peut que le facteur de stress le plus important dans notre environnement soit la façon dont nous entrons en contact avec les personnes avec lesquelles nous vivons, ou que nous rencontrons quotidiennement. On a écrit des centaines de livres sur ce sujet, et nous assistons à une prolifération des métiers en rapport avec la relation d'aide : psychologues, psychiatres, conseillers pour tous les aspects des interactions humaines.

On peut utiliser la Kinésiologie éducative pour démontrer l'importance des attitudes non-verbales inconscientes, que nous adoptons quand nous pénétrons dans l'espace vital de l'autre. Ces attitudes ne sont pas toujours perceptibles par notre conscience, ni par celle de l'autre, et peuvent être absolument involontaires. Les gens qui réfléchissent, après avoir identifié le problème grâce à la pratique des tests musculaires, doivent changer leur comportement, afin de créer un environnement qui soit plus favorable à la circulation de l'énergie.

La manière de tester est la même que pour tout autre test sur l'environnement, excepté le fait que ce que nous testons maintenant est le pouvoir de la pensée. Demandez à quelqu'un de quitter la pièce, et écrivez, sur des cartes séparées, dans n'importe quel ordre, une liste de quatre ou cinq affirmations, qu'elles soient positives ou négatives. Par exemple :

Tu es beau/belle

Tu es un(e) incapable

Je t'aime

Je me dégoûte aujourd'hui

Je me sens bien avec toi.

Demandez à la personne de rentrer, et commencez à tester. C'est la personne qui pense les affirmations qui teste.

Procédure.

1. Faites un test neutre sur un muscle indicateur fort.

2. Pensez à l'affirmation n°1 pendant quelques secondes, et répétez le test. Notez le résultat.

3. Recommencez avec les affirmations n°2, 3, 4, etc. Notez les résultats.

4. Est-ce que les réponses faibles coïncident avec les attitudes négatives ?

5. Est-ce que les réponses fortes coïncident avec les attitudes positives ?

6. Montrez la liste à la personne, et expliquez-lui ce que vous avez fait.

Nous avons vu qu'une personne qui pratique un test musculaire doit être raisonnablement équilibrée. Très souvent une personne répondra de façon « faible » à un test, uniquement parce que le testeur lui-même est « faible ». Les mères qui testent leurs enfants trouvent des faiblesses qui n'existent pas pour les autres. Que ce soit dû à l'attitude négative de la mère envers l'enfant ou de l'enfant envers la mère, ou de l'un des deux par rapport à lui-même, que cela soit conscient ou inconscient, il y a lieu de prendre des mesures pour changer la situation. L'une d'elles est de se mettre dans un état neutre, où l'esprit n'attende aucune sorte de réponse particulière. Il suffit de se décontracter et de tester rapidement. Le chapitre qui traite du stress émotionnel vous enseignera une autre technique, très utile dans le domaine de la communication.

CHAPITRE QUATRE

Stress et pensées négatives

« J'ai l'estomac noué »
« Je pourrais l'étriper »
« Il me fait mal au ventre ! »

Notre conversation quotidienne ne reflète que trop bien la vraie nature de notre être. La pensée négative est localisée au niveau de l'estomac, et c'est là que nous en faisons l'expérience. Qu'il s'agisse d'inquiétude, de peur, d'anxiété, de souvenirs déplaisants ou d'une piètre estime de soi, c'est là que toutes ces émotions résident, que cela nous plaise ou non. Sur le plan physique, ces émotions peuvent entraîner des maux d'estomac, des indigestions, des ulcères, et même des problèmes plus graves si le système dégénère.

Pourquoi le stress nous frappe-t-il de cette façon ? Sur le plan neurologique, nous avons appris, au cours de l'évolution, à répondre au stress par l'instinct de survie. La réponse « attaque/évitement » est commandée par le système limbique au sommet du tronc cérébral. C'est un processus dans lequel la différence entre hémisphère droit et hémisphère gauche n'intervient pas. Le système limbique contrôle les nerfs sympathiques/parasympathiques, qui, à leur tour, contrôlent les viscères (coeur, poumons, foie, intestins, etc.) et tous les vaisseaux sanguins. Dans la vie quotidienne, nous fonctionnons en « pilote automatique » : nous nous reposons sur les modèles de comportement stimulus/réponse pour éliminer la prise de décision. Si nous devions penser consciemment à chacune de nos actions, nous n'arriverions jamais à sortir du lit le matin. Notre corps doit apprendre un programme de survie, comparable à un programme informatique, pour toutes les situations dont il fait l'expérience.

Imaginez que l'on vous défie au combat. Le sang afflue au visage, au cou, aux bras et à la poitrine, pour vous préparer à la confrontation physique. C'est pourquoi nous rougissons lorsque nous sommes en colère. Quand nous avons peur, c'est le phénomène inverse : c'est comme si le sang se retirait de la tête et du torse, fournissant de l'énergie aux jambes pour leur permettre de fuir. Dans les situations extrêmes, nous pâlissons, nous demeurons sans voix, nous bégayons et nous oublions tout. On peut dire que la fuite est la réponse primitive du cerveau gauche et que l'attaque appartient à l'hémisphère droit. Cependant, la décision est prise au-dessous du niveau de conscience. Les deux comportements sont des réponses correctes de l'organisme au danger mais, dans la plupart des situations relationnelles de la vie quotidienne, ce sont des réponses qui n'ont pas lieu d'être.

Réduire le stress.

Le yoga et la méditation sont des techniques de réduction du stress reconnues. Les tenants de ces techniques affirment que leur apprentissage peut éliminer les maladies liées au stress et améliorer les performances de toutes sortes. En Biofeedback, (dont Elmer Green a été le pionnier), on démontre que les yogis, en état de concentration ou de méditation, contrôlent consciemment les activités qui relèvent du système limbique et dont on n'a généralement pas conscience. En envoyant volontairement du sang et de l'énergie aux différents organes et aux différentes parties du corps, les fakirs exécutent des tours de « magie » : c'est ce qui leur permet par exemple de s'asseoir sur une planche à clous sans saigner. Pour l'homme contemporain, le Biofeedback accomplit la même chose : il lui permet simplement de « savoir » par le feedback, qu'il a produit un changement volontaire dans son système. La Kinésiologie éducative fournit un type de feedback similaire, sans qu'il soit nécessaire d'utiliser un équipement électronique.

Dans les années 30, le docteur Bennett, un chiropracteur, découvrit des points à la surface du crâne qui, si on les touchait, semblaient avoir une influence sur l'apport sanguin à certains organes. Dans les années 60, George Goodheart, le père de la Kinésiologie Appliquée, découvrit qu'il pouvait renforcer un muscle faible en stimulant le « point réflexe de Bennett » approprié. Le muscle « faible » indique que la circulation sanguine est déséquilibrée : les zones impliquées dans le processus « attaque/évitement » étant sur-irriguées tandis que les autres, simultanément, se trouvent sous-irriguées. Le fait de toucher un « point réflexe de Bennett » rétablit un flux sanguin normal : c'est ce qu'indique le muscle fort.

Quand l'instinct de survie est menacé, tout apprentissage devient impossible, et personne ne peut être réellement performant, quelle que soit sa profession. Pourtant les parents, les employeurs, et le « système » en général nous mettent continuellement sous pression. Le stress émotionnel est souvent le facteur premier des déséquilibres musculaires. Il est inutile de tenter un quelconque rééquilibrage musculaire tant que le stress émotionnel n'est pas supprimé. C'est lorsque l'individu est décontracté et qu'il se sent en sécurité avec lui-même au niveau viscéral, qu'il ne ressent plus aucune menace, que son schéma corporel devient capable d'accepter les suggestions et les occasions de développement et de changement qui lui sont offertes.

Fig.8 : Position des mains touchant les éminences frontales pour la réduction du stress émotionnel.

La Kinésiologie éducative a recours au Grand Pectoral Claviculaire pour tester le stress émotionnel (voir chapitre II). Si le résultat est faible lors d'un test de routine, il n'est pas inutile de faire l'hypothèse qu'une certaine quantité de stress est impliquée. Il se peut que la personne vous donne cette information volontairement, mais il est inutile de la suggérer, ce qui ne ferait qu'aggraver la situation. Il vaut mieux toucher légèrement les Eminences Frontales de la personne, comme l'indique la figure 1. Touchez juste assez fermement pour tendre la peau, afin que vous puissiez sentir les pulsations les plus légères sous vos doigts. John Thie affirme que ce pouls n'a pas de rapport avec le rythme cardiaque, mais qu'il est probablement la pulsation primitive de la couche capillaire microscopique située sous la peau. Sentez ce pouls des deux côtés, et ne relâchez la pression que lorsqu'il est égalisé. Cela peut prendre de vingt secondes à dix minutes, selon la nature du stress.

Notez les changements au niveau de l'individu. S'il était auparavant incapable de parler ou de lire, il parvient maintenant à se concentrer, et le ton de sa voix est redevenu normal. Sa capacité à faire face mentalement au stress est renforcée, et il est capable d'élaborer de façon rationnelle un plan d'action pour résoudre le problème. Le résultat obtenu est similaire à celui de la méditation du yogi, et il obtiendra le feedback lorsque vous retesterez le Grand Pectoral Claviculaire. Le muscle est maintenant fort, indiquant que l'équilibre émotionnel est de nouveau normal. Le problème n'a probablement pas disparu, mais la réponse émotionnelle est différente, et il est plus facile pour l'individu d'y faire face sans que son corps considère le problème comme une menace à sa survie.

La Kinésiologie éducative suggère bien des applications thérapeutiques ou préventives de cette technique de libération du stress émotionnel. Elles combinent les propriétés du

Biofeedback et de la méditation dans le toucher des éminences frontales. Vous pouvez faire ces exercices avec un partenaire, ou seul si aucun partenaire n'est disponible.

Procédure de libération du stress émotionnel.

1. Choisissez soit le Grand Pectoral Claviculaire, soit le Sus-épineux.

2. Demandez au sujet d'évoquer une pensée « négative ».

3. Retestez le muscle. Il sera faible.

4. Touchez les Eminences Frontales comme indiqué ci-dessus.

5. Retestez le muscle. Il sera fort.

6. Dirigez de nouveau l'attention du sujet sur la pensée « négative ».

7. Testez à nouveau le muscle. Il devrait rester fort !

Applications suggérées :

1. *Jeu de rôle :*
visualisez le scénario d'une expérience négative du passé jusqu'à ce que le muscle soit fort.

2. *Anticipation du stress :*
vous pouvez vous préparer aux examens, à la lecture en public ou aux interviews, jusqu'à ce que le résultat du test soit fort.

3. *Changer ses réactions à certaines personnes :*
pensez au nom de la personne ou à son visage jusqu'à ce que le résultat du test soit fort.

4. *Changer ses réactions à des facteurs négatifs de l'environnement :*
imaginez le facteur négatif, en utilisant autant de modes sensoriels que possible, jusqu'à ce que le résultat du test soit fort.

Chacun semble avoir une raison propre pour « déconnecter », qu'elle soit physique, mentale, spirituelle ou émotionnelle. Si la raison est liée au schéma corporel, et que la personne a un mécanisme d'« attaque/évitement » hyperactif, les applications que vous pouvez créer à partir de cette méthode du toucher des éminences frontales seront peut-être la partie la plus bénéfique de la Kinésiologie éducative.

CHAPITRE CINQ

Le mouvement croisé (Cross-motor Patterning)

Dyslexie et incapacités d'apprentissage.

Je me suis rendu compte pour la première fois que le « mouvement croisé » (« cross-crawl ») pouvait être utile dans le traitement des difficultés d'apprentissage après avoir suivi un cours de « *Touch for Health* » avec Dick Harnack. Dick était en train d'exposer le « cross-crawl » et je me portai volontaire. Faire l'expérience de réponses musculaires fortes ou faibles après des mouvements bilatéraux ou unilatéraux m'intrigua profondément, et je décidai d'inclure cette expérience dans ma pratique de la thérapie. La première personne à qui j'enseignai le « cross-crawl » fut Judy, une dyslexique âgée d'une quinzaine d'années. Ce jour-là, elle avait un problème particulier avec un livre de lecture de niveau fin du primaire. Après la séance de « cross-crawl », le téléphone sonna, si bien que je lui tournais le dos, lorsqu'elle se remit à lire à haute voix. A mon grand étonnement, j'entendis une voix qui lisait d'un ton complètement différent. Le phrasé, la reconnaissance des mots et la compréhension étaient parfaits. C'était une autre Judy : décontractée, posée et sûre d'elle. Le « cross-crawl » l'avait équilibrée, et avait totalement changé son niveau de performance. Superbe ! Mais pourquoi avait-elle besoin d'être équilibrée ? Et comment l'équilibrage opère-t-il pour les dyslexiques ? Ces questions nous menèrent à des recherches intensives.

A l'heure actuelle, environ un an plus tard, mes questions ont trouvé leurs réponses : elles sont aussi simples que révolutionnaires. Le diagnostic, le conseil et la thérapie sont devenus une aventure pleine de joie. L'apprentissage et l'enseignement ne sont plus nécessairement des corvées. Les dyslexiques fournissent trop d'efforts. Qu'ils aient peur d'échouer, ou qu'ils soient poussés à réussir, ils se concentrent trop intensément, déconnectant toute information périphérique pour piquer droit sur une seule chose. Les dyslexiques sont tout simplement des experts en blocage de l'énergie. Dès la naissance, nous compensons un affaiblissement du niveau d'énergie par un traitement de l'information inefficace. Avoir des facilités à apprendre requiert une intégration du fonctionnement du cerveau droit et du cerveau gauche, de façon à ce que le tout soit toujours perçu comme plus que la somme de ses parties. Le cerveau gauche doit être conscient du langage et du sens, tandis que le cerveau droit traite les symboles et les codes. Ce sont des activités automatiques et inconscientes.

L'équilibrage musculaire permet aux dyslexiques de lire et d'écrire efficacement pour la première fois de leur vie, parce qu'il leur permet d'avoir accès à tous les systèmes d'information simultanément et d'être en mesure de les utiliser. C'est parce que le rôle de la dominance, en particulier de la main, a été mal interprété dans le passé, que le traitement traditionnel de la dyslexie a été amené à se fonder uniquement sur l'entraînement du cerveau gauche, mettant l'accent sur les exercices de logique, de sériation et de phonétique. On enseigne aux dyslexiques à apparier les sons du langage aux symboles de l'écriture. La complexité du langage fait d'une telle pratique une tâche désespérée, et ne sert qu'à les déconnecter encore plus.

Les pionniers dans le traitement de la dyslexie, comme Orton et Delacato, ainsi que la plupart des autres éducateurs, ont négligé le rôle du cerveau droit dans la lecture et le traitement de l'information. Le cerveau droit est intuitif et spontané; il a le sens du rythme et de l'expression. Il ouvre le corps à une conscience totale. Quand le cerveau droit est connecté, l'énergie afflue à travers le corps tout entier, les muscles sont équilibrés, et l'univers est perçu comme une « Gestalt », comme un tout. Les détails sont moins importants que la perception du sens profond. C'est de cette manière que les enfants apprennent à parler. Ils n'ont pas besoin d'« essayer » ni de « faire des efforts » pour synthétiser les différentes parties afin d'en faire un tout. L'enfant le fait de lui-même, naturellement, à mesure qu'il se développe et qu'il prend confiance dans ses possibilités d'expression. Le dyslexique, que le problème soit dû au traumatisme de la naissance, à un défaut congénital, au stress émotionnel ou à l'hyperactivité, n'intègre pas automatiquement cerveau droit et cerveau gauche dans le traitement des symboles. Certains peuvent mémoriser des mots jusqu'à un certain niveau, sans pouvoir ni les lire ni les épeler. D'autres peuvent lire et épeler parce qu'ils synthétisent les sons, mais ne peuvent ni reconnaître ni visualiser un mot comme un tout.

Entraîner le dyslexique à exécuter des tâches qui relèvent du cerveau gauche, alors qu'il est bloqué et déséquilibré, ne fait que compliquer le problème. Avec son cerveau droit déconnecté, il n'a pas accès à ses capacités naturelles de visualisation et de création. Il n'est pas capable de voir les choses comme un tout, dans la mesure où il fait trop d'efforts pour les analyser et les fractionner en minuscules unités d'information. Il ne peut apprendre à mettre en oeuvre ses capacités de reconnaissance des formes, et son intuition, ni à communiquer au-delà du niveau littéral. Il n'utilise ni l'imagination ni la visualisation. Quand il est équilibré, et que son niveau d'énergie remonte, le dyslexique se décontracte de nouveau, et fait l'expérience de l'intégration des hémisphères lors du traitement des symboles. Il apprend que « faire des efforts » n'aboutit qu'à bloquer l'énergie. Il prend conscience qu'il sait bien plus qu'il ne le croyait, mais qu'il n'avait pas accès à ces données à cause du blocage et du stress qu'il se créait lui-même. Il se rend compte que la lecture est facile et agréable lorsque le flux d'énergie est équilibré.

L'exemple de Don.

Don a vingt-neuf ans. Quand il vint me voir, sa capacité de lecture atteignait à peine le niveau du milieu du primaire et il pointait les mots un par un. Il avait dépensé une fortune à aller d'un expert à l'autre, de clinique en clinique. Il se rendait compte que tous trouvaient son cas intéressant, mais qu'aucun n'était en mesure de l'aider. On lui avait dit qu'il était incapable de visualiser et qu'il ne saurait jamais lire. La posture de Don reflétait la dépression : épaules arrondies et cou raccourci à force de ne pas tourner la tête depuis des années. Il était faible des deux côtés au niveau du Sus-épineux, du Grand Pectoral Claviculaire et du Grand Dorsal, un schéma typique de quatre-vingt-dix pour cent de ma clientèle. Il se plaignait d'une sensation d'angoisse dans la poitrine lorsqu'il était stressé, et d'une raideur dans le côté droit du corps. La lecture était de toute évidence pour lui un travail de force. Le « cross-crawl » aida Don immédiatement : il se sentit plus décontracté, et expliqua spontanément qu'il n'avait plus mal au dos pour la première fois depuis des années.

Après six mois d'entraînement, Don lit sans aide au niveau fin d'études primaires. Il lit couramment et sans problèmes. Il est conscient de ce qui se passe dans son corps, et reste équilibré par auto-régulation. Il n'a plus besoin qu'un enseignant lui apporte un soutien émotionnel. Naturellement, il a encore beaucoup à apprendre sur le plan de la lecture et de l'écriture. Il progressera avec le temps et en travaillant. Il sait qu'il n'est plus dyslexique : c'est cela qui compte pour lui ici et maintenant.

Qu'est-ce que le mouvement croisé ou « cross-crawl » ?

On appelle « cross-crawl » tout mouvement rythmique et équilibré, qui demande à l'individu une mise en relation dynamique de la partie droite et de la partie gauche du corps, tout en étant conscient de la partie supérieure et de la partie inférieure. (voir figure 9).

Fig.9 : Le mouvement croisé ou « cross-crawl » consiste en un mouvement rythmique et équilibré, qui demande à l'individu une mise en relation dynamique de la partie droite et de la partie gauche de son corps; dans le même temps, la personne doit rester consciente des parties supérieure et inférieure.

Le « cross-crawl » exige une grande précision dans la façon dont le cerveau contrôle les muscles, ceux-ci devant se contracter ou se relâcher exactement au bon moment, et une bonne circulation de l'information entre les muscles et le cerveau. L'enfant apprend cette intégration bilatérale extrêmement complexe au stade où il rampe et où il se traîne à quatre pattes, avant l'âge de la marche. C'est une coopération entre les hémisphères cérébraux du même type qui est nécessaire à la lecture et à l'écriture.

Il semble que la plupart des dyslexiques n'ont pas intériorisé le mouvement croisé : c'est pourquoi ils éprouvent des difficultés lorsqu'ils se trouvent dans des situations où il est de nouveau nécessaire. On peut aisément sauter ce stade de développement dans l'enfance et continuer à fonctionner tout à fait normalement. La plupart des activités ne requièrent pas de schémas mentaux synchrones. Mais lorsque ce stade de développement est atteint, les résultats que l'on peut en attendre sont infiniment gratifiants (Voir figure 10).

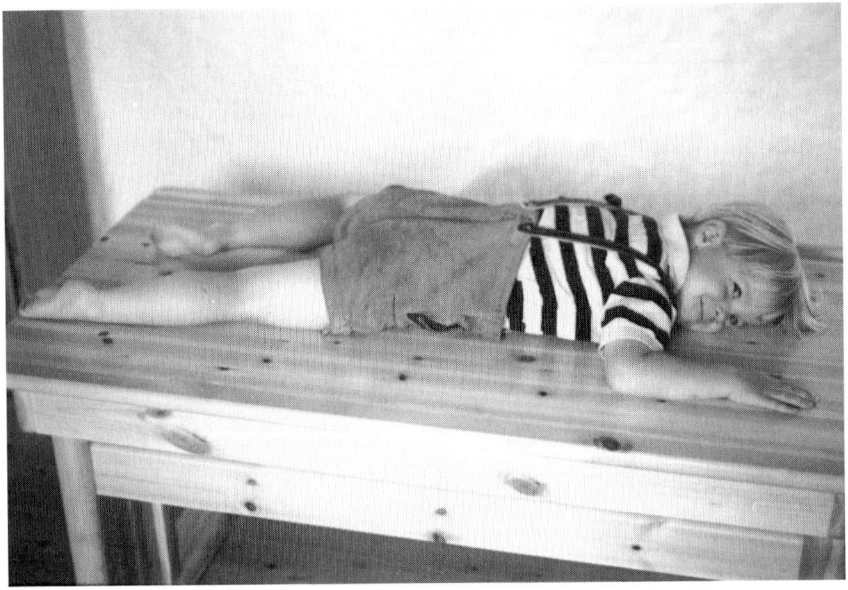

Fig.10 : Enfant se traînant et rampant réellement. La tête est tournée en direction du bras qui avance.

Quelles sont les indications du « cross-crawl » ?

Le « cross-crawl » est une activité motrice normale : elle est bonne pour tous. C'est amusant et relaxant. Vous pouvez vous y adonner chaque fois que vous vous sentez tendu, nerveux ou fatigué, à la maison, à l'école, au bureau.

Si l'un de vos étudiants vous dit qu'il éprouve des difficultés à lire, ou qu'il déteste la lecture, il aura probablement des problèmes avec le « cross-crawl ». Si l'un des muscles indicateurs répond faiblement, en particulier le Sus-épineux, le « cross-crawl » est probablement indiqué.

Procédure suggérée.

1. Testez le muscle indicateur. Identifiez les faiblesses s'il y en a.

2. Faites une démonstration de « cross-crawl », et observez si l'individu l'exécute selon un schéma bilatéral (jambe et bras du côté opposé) ou unilatéral (jambe et bras du même côté).

3. S'il utilise un schéma unilatéral, refaites la démonstration de « cross-crawl », et dites lui de vous regarder lever le bras et la jambes opposés en même temps, comme si vous vous traîniez à quatre pattes sur le sol. Dites-lui de le ressentir en étant conscient de ce qui se passe dans son corps.

4. Si cela ne marche pas il se peut qu'il faille lui demander de ramper vraiment sur le sol, ou de lui faire faire l'exercice de « cross-crawl » sur le dos.

5. Quand l'exercice est terminé, selon l'une des méthodes indiquées ci-dessus, testez à nouveau les muscles indicateurs. S'ils sont forts, on aide alors la personne à comprendre que le « cross-crawl » est une activité de développement, nécessaire à un fonctionnement intellectuel normal.

6. Demandez à l'individu de faire l'exercice selon un schéma unilatéral. Testez un muscle indicateur. S'il est faible, votre sujet fait l'expérience de la facilité avec laquelle on peut se déconnecter.

7. Montrez-lui comment se « reconnecter ». En dehors de l'exercice proprement dit, il faut insister sur le fait qu'il s'agit d'une activité mentale, qui implique des processus mentaux volontaires, et que ceux-ci maintiennent un flux d'énergie correct. (Voir figures 9 à 14).

a) Imaginez que vous faites un exercice de « cross-crawl ». Votre résultat au test est-il fort ou faible ?

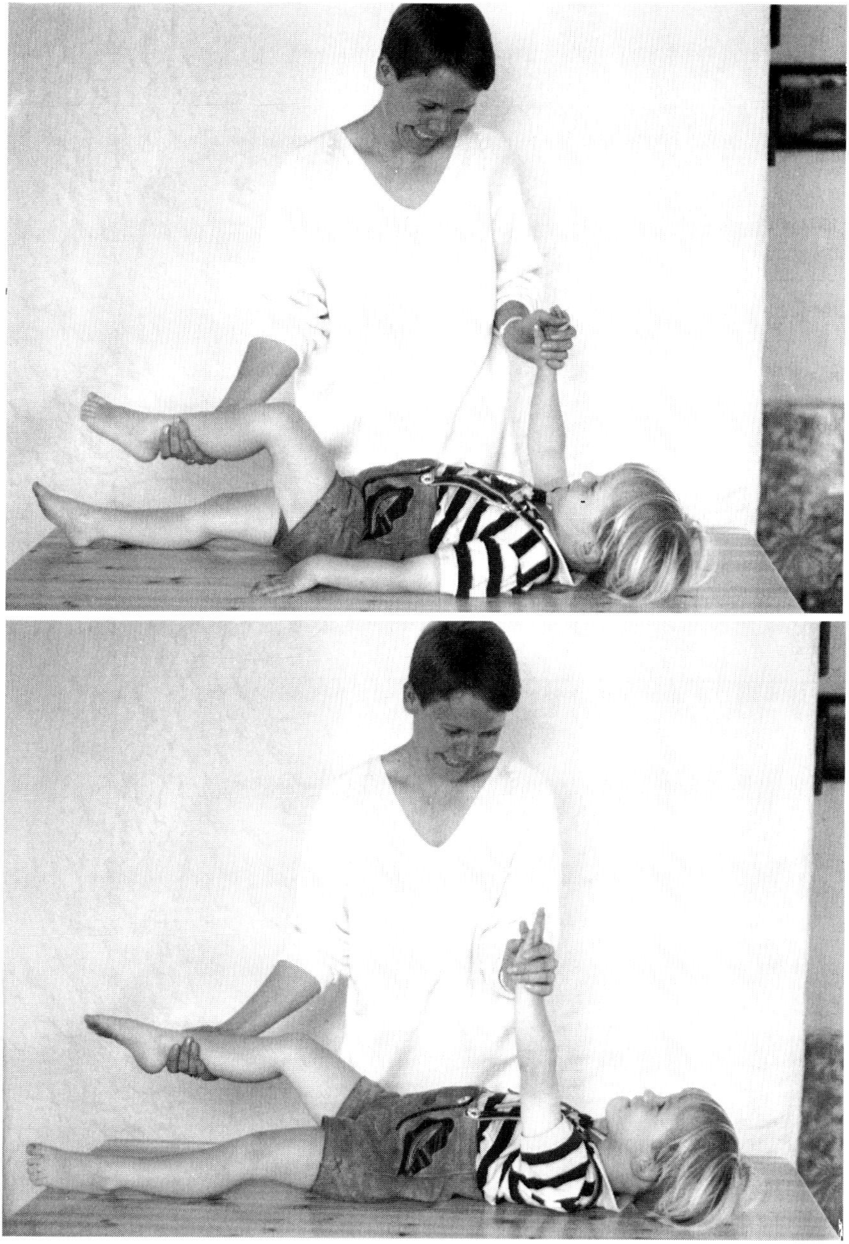

Fig.11 : La technique de « patterning » la plus efficace se pratique couché sur le dos.

b) Imaginez que vous le faites selon un schéma unilatéral. Votre résultat au test est-il fort ou faible ?

c) Visualisez un figure en croix, un « X ». Votre résultat est-il fort ou faible ?

d) Visualisez deux lignes parallèles, le nombre 11. Votre résultat est-il fort ou faible ?

Suggestions pour les situations d'enseignement et d'apprentissage.

Le « cross-crawl » est facile à enseigner. Il peut se pratiquer en marchant ou sur place. Il faut lever vigoureusement les bras et les jambes, ce qui ne veut pas dire pesamment (voir chapitre 6). Si on le pratique de cette façon, c'est une activité commode, facile à gérer pour l'enseignant et amusante pour les étudiants. La pratique des tests musculaires a prouvé que cette approche suffit dans la plupart des cas à rééquilibrer et renforcer les aptitudes à l'apprentissage. Si un individu persiste à avoir des difficultés à saisir le « cross-crawl », votre capacité à comprendre le processus dont il fait l'expérience l'aidera à le maîtriser en temps voulu.

Du point de vue du développement, une personne qui a des difficultés en « cross-crawl » se sent mieux au stade unilatéral, stade où le bras et la jambe du même côté bougent ensemble de façon réflexe. C'est le stade où le nouveau-né, couché sur le dos, remue les membres simultanément. C'est aussi le stade où le jeune enfant rampe sur le ventre, la tête sur le sol, si bien qu'il ne peut voir que d'un oeil à la fois. Si un individu a un résultat fort au test après une activité unilatérale, et un résultat faible après un

Fig.12 : Deux mouvements croisés qu'il peut être agréable de faire en musique.

Fig.13 : Deux mouvements croisés qu'il peut être agréable de faire en musique.

Fig.14 : Deux mouvements croisés qu'il peut être agréable de faire en musique.

« cross-crawl », il est certainement à ce stade du point de vue neurologique.

La plupart des personnes qui ont un schéma unilatéral ont appris à inhiber ou à déconnecter un oeil. Ils exécutent très bien le mouvement de « cross-crawl », comme par magie, dès que les deux yeux sont connectés ! (voir chapitre 7). Quand l'oeil correspondant au cerveau droit est connecté, l'individu peut en même temps penser et sentir le mouvement. Il faut pratiquer le « cross-crawl » jusqu'à ce qu'il devienne totalement automatique, et qu'il ne requière qu'une analyse minimale. Vingt-cinq répétitions, trois ou quatre fois par jour, sont suffisantes.

Dans les cas opiniâtres, il est efficace de demander à la personne de faire l'exercice selon un schéma uniquement unilatéral, en lui rappelant qu'elle doit penser à ce qu'elle fait. L'analyse répétée d'actions telles que « lever le bras et la main gauche, lever le bras et la main droite, etc. » devient rapidement fatigante, et fera apparaître le « cross-crawl » plus attractif. C'est un processus de conditionnement par extinction, qui ne nécessite généralement que quelques jours. Si vous retestez, que ce soit au bout d'un mois, six mois ou un an, le « cross-crawl » apportera toujours un renforcement, indiquant par là une intégration des hémisphères, et une conscience totale dépourvue de stress.

La personne qui fonctionne selon un schéma unilatéral est déconnectée. N'ayant pas besoin d'analyse pour faire l'expérience de ce mouvement, son test est plus « fort » parce qu'elle répète une action réflexe apprise dans la première enfance. Quand on lui demande de penser au « cross-crawl », elle doit déconnecter son cerveau droit, et focaliser le cerveau gauche sur la tâche plus difficile. Chaque fois qu'un processus mental d'ordre analytique produit du stress, on est obligé de déconnecter la partie du cerveau qui ressent le mouvement, et les muscles répondent faiblement. Pour passer du stade unilatéral au stade du « cross-crawl », on doit renverser les processus mentaux qui causent la déconnexion. On a besoin de la pensée analytique pour le schéma unilatéral, non de s'appuyer sur un réflexe, alors que l'on doit mettre en oeuvre un automatisme et rester connecté pour le « cross-crawl ». Les méthodes de la Kinésiologie éducative favorisent ce développement.

Margaret, une femme d'une trentaine d'années, avait un schéma unilatéral. Ses résultats aux tests étaient forts si on lui demandait de sauter en extension ou de marcher sur place en levant le bras et la jambe du même côté. Ses tests étaient faibles quand on lui demandait une activité impliquant un comportement « moteur croisé ».

L'observation de ses mouvements oculaires suggéra que l'activité unilatérale ne lui demandait aucune activité analytique, puisqu'elle dirigeait ses yeux vers la gauche, activant ainsi le cerveau droit (voir le chapitre 7). Ce n'était pour elle qu'une activité réflexe. Quand on lui demanda de faire un exercice de « cross-crawl », elle parut troublée et hésitante, elle regarda vers la droite, activant donc son cerveau gauche, et son corps parut se geler sur place. Le « cross-crawl » lui demandait de se concentrer sans relâche pour pouvoir contrôler les mouvements de son corps.

Expliquant ce qui lui arrivait, je lui suggérai de faire le contraire avec ses yeux, ce qui demandait plus d'analyse du mouvement unilatéral lorsqu'elle regardait à droite. je lui suggérai de regarder à gauche pendant le « cross-crawl », de visualiser et de ressentir les mouvements en même temps qu'elle les exécutait. Le résultat du test fut immédiatement fort, et elle surmonta bientôt son hésitation à propos des activités d'apprentissage qui demandent ce type d'intégration.

Evaluation des résultats.

1. Est ce que la lecture et l'écriture s'améliorent spontanément ?

2. Est ce que le « cross-crawl » devient automatique, sans qu'une démonstration préalable soit nécessaire ?

3. Est ce que le test d'un muscle indicateur, sans « cross-crawl » préalable, trouve le muscle fort ? Les schémas neurologiques sont renforcés, la coordination interne se développe, et de nouvelles habitudes d'équilibre se forment.

(Voir les figures 12 à 14 pour d'autres idées de « cross-crawl ».
Il peut être agréable d'utiliser un accompagnement musical.

Le « repatterning de latéralité de Dennison ».

Dans des milliers de cas désespérés, le « cross-crawl » s'est montré très utile pour aider au rétablissement des fonctions neurologiques normales. Mais à l'époque où ce livre a été écrit, l'on ne savait pas encore pourquoi, dans de nombreux cas, le « cross-crawl » n'apportait aucun progrès. Ce mystère a été éclairci depuis peu de temps grâce aux travaux les plus récents du docteur Dennison, et il nous a semblé nécessaire de les faire connaître au lecteur de l'édition en langue française.

Le mouvement croisé ne doit pas être considéré séparément de la dominance cérébrale. C'est un mouvement qui n'aide que ceux qui peuvent accomplir cet effort de façon automatique et inconsciente. Seules, les personnes qui ont appris dans leur enfance à ramper au stade « dominant droit » semblent pouvoir en tirer profit. Quarante pour cent ou plus étaient alors dans le schéma « dominant gauche », et leur réponse au test musculaire est « faible » après le « cross-crawl ». C'est le signe que l'intégration des deux hémisphères du cerveau n'a pas eu lieu. Chez d'autre sujets, il peut arriver que l'effet de « renforcement » ne se produise qu'au niveau de quelques muscles, et que le mouvement en « affaiblisse » d'autres. C'est aussi l'indice qu'il n'est pas aussi positif pour eux qu'il devrait l'être.

C'est pourquoi on a introduit en Kinésiologie Educative la technique dite « repatterning de latéralité de Dennison ». Celle-ci doit être contrôlée et ajustée à chaque individu, dans la mesure où elle corrige toute contradiction en fonction de son propre schéma de comportement moteur. Elle renforce la dominance droite lors du mouvement et permet d'obtenir une véritable intégration hémisphérique; pour certains, c'est la première expérience de ce type.

Procédure.

1. Testez le Deltoïde, le Sus-épineux, le Grand Dorsal et le Grand Pectoral Claviculaire de chaque côté, et notez les résultats.

2. Faites faire un « cross-crawl », et testez encore une fois les mêmes muscles immédiatement après.

3. Faites faire maintenant quelques mouvements unilatéraux, testez une nouvelle fois et immédiatement tous les muscles, et notez les résultats.

Si après le « cross-crawl » un ou plusieurs muscles qui donnaient auparavant une réponse « forte » sont maintenant faibles, et/ou si après le mouvement unilatéral un ou plusieurs muscles qui étaient auparavant faibles sont forts, ou demeurent forts après avoir donné une réponse « forte », alors il existe un schéma de comportement moteur unilatéral, et vous devez apporter les corrections suivantes :

a) faire exécuter un « cross-crawl », le sujet regardant en haut à gauche en tenant la tête droite.

b) faire exécuter un mouvement unilatéral, le sujet regardant en bas à droite en tenant la tête droite.

Chez les gauchers, il se peut qu'on doive inverser les mouvements des yeux (en haut à droite pendant le « cross-crawl » et en bas à gauche pendant le mouvement unilatéral).

Pour contrôler la correction, faites faire un « cross-crawl », le sujet regardant devant lui. Le test musculaire devrait être fort. Puis faites exécuter de la même manière un mouvement unilatéral. La réponse au test devrait maintenant être faible.

Cette technique de « repatterning » peut permettre à toute personne ayant un schéma unilatéral de s'accorder au schéma naturel qu'est le comportement moteur croisé. La correction est instantanée et durable, mais une séance de renforcement quotidienne pendant une période d'environ six semaines est préférable.

Le « repartterning de latéralité de Dennison », ajouté par Freddy Potschka (IFKA).

CHAPITRE SIX

La posture intérieure

« Combien de temps vais-je rester équilibré ? ». C'est la question que thérapeutes et rééducateurs entendent presque toujours. Il est facile de faire la critique d'une posture déficiente et de la corriger grâce aux techniques de la Kinésiologie éducative, mais nous ne pouvons aider réellement quelqu'un à faire des progrès que si nous lui apprenons à rester équilibré, à bien utiliser ses muscles, et à maintenir une posture correcte.

Quand nous regardons de jeunes enfants jouer, courir et rire, quand nous voyons leurs corps si beaux et si élancés, nous nous demandons ce qui arrive à créer les déviations posturales que nous constatons chez les adultes. On incrimine les accidents, les maladies et le stress. Quand on se remet d'une expérience traumatisante de l'existence, les muscles se souviennent et restent déconnectés. Ils compensent la faiblesse musculaire ou la douleur en négligeant certains mouvements, et en abusant de certains autres. Les nouveaux mouvements deviennent rapidement des habitudes. La « mauvaise » posture qui en résulte est une image du déséquilibre.

Théoriquement, lorsque le corps d'un individu est équilibré, il a une chance de récupérer la posture parfaite de son enfance. Mais, à moins qu'une rééducation de la posture et du mouvement ne soit introduite dans le cadre d'un programme d'aide et de conseil approprié, le corps reprendra vite ses mauvaises habitudes, parce qu'elles durent depuis des années, parce que la personne a du mal à s'accepter.

Une part significative de notre pratique thérapeutique implique la rééducation de la posture et du mouvement. C'est cela que nous appelons *Kinésiologie éducative.* La réussite de notre programme repose sur le fait que l'étudiant réapprend à utiliser son corps correctement et rehausse l'image qu'il a de lui-même. La partie théorique, bien qu'elle soit nécessaire, est vraiment la moins importante.

J'ai commencé à m'impliquer dans les problèmes d'éducation posturale à travers mes propres problèmes d'épaules et de dos. J'avais consacré des centaines d'heures à des interventions de toutes sortes pour améliorer ma posture : intégration structurale (Rolfing), Structural Patterning, auto-hypnose, chiropraxie, appareils orthopédiques, yoga, etc. Toutes ces interventions m'ont quelque peu aidé, mais aucune n'a vraiment soulagé ma douleur, ni corrigé ma posture de façon satisfaisante. Dans chaque pratique, j'ai trouvé des choses à faire et des choses à éviter. On me complimente maintenant souvent sur ma posture. C'est la compréhension et le contrôle de l'énergie, ainsi que l'élimination de la notion d'« effort » qui avait été la mienne jusqu'alors, qui m'ont finalement permis de l'obtenir.

Le cou est une zone critique.

Pour que la personne évolue dans une posture correcte, se tienne droite, pense, s'exprime avec aisance et soit capable d'apprendre, le cou doit être suffisamment libre pour laisser passer l'énergie. On ne mettra jamais trop l'accent sur son importance. Si le cou est décontracté, relâché, ouvert pour ainsi dire, le corps et l'esprit fonctionnent de concert. Quand le cou est raide, autrement dit fermé, il devient une valve qui arrête le flux d'énergie et inhibe l'action. Quand les étudiants prennent conscience de l'importance du cou, à travers la pratique des tests musculaires, ils développent leur capacité à être conscients de leur corps, et commencent à contrôler leur propre vie.

Les dimensions de l'équilibre.

L'équilibre a plusieurs dimensions. Nous avons l'habitude de penser l'équilibre en termes droite/gauche, comme les plateaux d'une balance, ou comme lorsqu'on fait de l'équilibre sur une corde. L'équilibrage de l'énergie comprend certainement l'intégration bilatérale, celle des deux côtés du corps, mais il y d'autres dimensions d'importance égale sinon plus importante. L'une d'elles est la dimension avant/arrière, l'autre la dimension haut/bas. La première est gravement négligée dans notre culture, et elle est la cause de bien des maux de dos. La seconde est l'énergie yang/yin, gravité/anti-gravité. C'est un des éléments les plus importantes de notre travail. Sans cette dimension aucun équilibrage ne reste stable et la posture se détériorera à nouveau.

Demandez à un enfant qui vient de tomber ce qu'il pense de la gravité : il vous répondra que cela fait mal. La gravité est une constante qui maintient la consistance du monde. Nous pouvons nous y fier, et nous compensons en permanence sa pression. Mais elle draine notre énergie vers le bas, et si nous la laissons nous contrôler, c'est elle qui fait que nous nous sentons lourds. Si nous laissons la force gravitationnelle miner notre corps, nous nous sentons faibles, fatigués, effondrés, comme si nous portions le fardeau du monde sur nos épaules.

Pour équilibrer la gravité, nous avons l'énergie vitale. Elle circule en nous comme en tout être vivant. Elle permet aux oiseaux de voler et aux arbres de pousser hauts et droits. De la même manière elle peut permettre à nos mouvements dans l'espace d'être beaux, libres et sans efforts. Quand nous sentons cette force en nous, et que nous la laissons couler à travers notre cou et nos épaules, nos mouvements sont gracieux, et l'on dirait que nos muscles savent ce qu'ils ont à faire sans avoir besoin du contrôle de la conscience. La Kinésiologie éducative enseigne à se mouvoir dans l'espace. Quand nous sommes à l'aise dans le mouvement, la posture vient naturellement.

Reprogrammer le flux d'énergie.

La séquence de tests musculaires suivante peut être adaptée aux besoins de chacun, que ce soit dans le cadre de la classe ou dans celui de la rééducation individuelle. L'examen des questions que nous posons au flux d'énergie et des réponses que nous lui demandons va vous permettre une meilleure compréhension intuitive du processus dont il faut faire l'expérience pour changer la posture. Nous utilisons le Sus-épineux parce que c'est celui qui mesure le mieux la fatigue impliquée dans les difficultés d'apprentissage. N'importe quel autre muscle indicateur donnerait les mêmes résultats (voir figure 15).

1. Faites un test neutre sur un muscle indicateur.

2. Demandez à votre sujet de se tenir droit. Testez le muscle indicateur. La réponse est invariable : c'est une demande qui bloque l'énergie. Les gens fournissent un effort trop important et prennent alors une posture qui n'est pas naturelle.

3. Si le muscle est faible, renforcez-le en passant rapidement plusieurs fois votre main sur l'axe vertical du corps, depuis le pubis jusqu'à la lèvre supérieure (il n'est pas

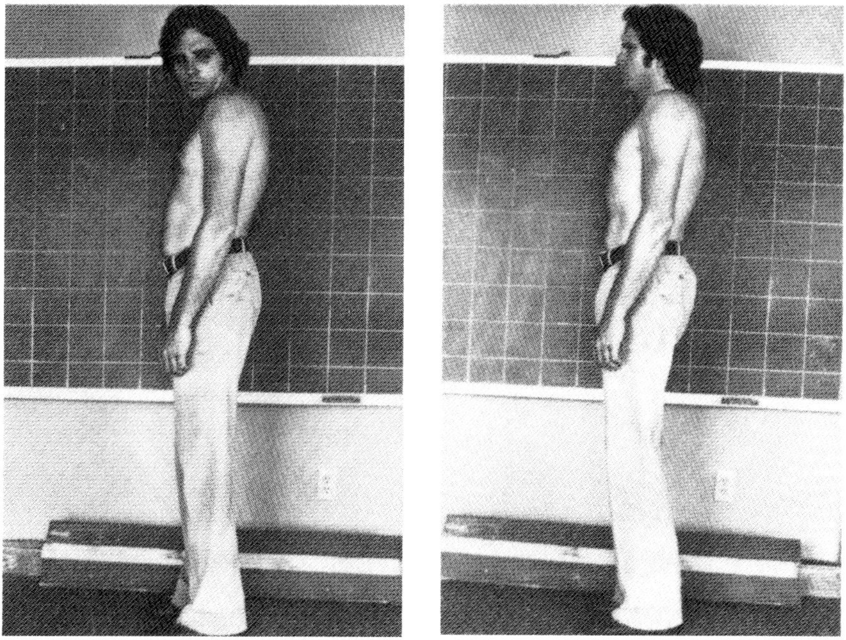

Fig.15 : Les déviations posturales apparaissent rapidement, si l'on observe le corps devant une grille ou une ligne droit imaginaire.

nécessaire de toucher). Testez le muscle. La réponse est forte.

4. Demandez à la personne comment elle se sent. Il devrait y avoir une différence. Elle se sent plus légère et plus décontractée quand le muscle est fort, plus lourde et plus tendue quand il est faible.

5. Si c'est nécessaire, faites le mouvement inverse, de haut en bas, pour que la personne puisse faire l'expérience de ce qu'elle ressent dans les deux états et le verbaliser. Renforcez de nouveau.

6. Affaiblissez de nouveau. Demandez maintenant à la personne d'imaginer l'énergie qui remonte. Retestez le muscle : il est fort.

7. Demandez-lui maintenant d'imaginer l'énergie qui redescend. La réponse au test musculaire est faible.

8. Dites à la personne de se renforcer elle-même.

9. Demandez-lui de se concentrer sur son cou. Affaiblissez-le. Quelle est la sensation ? Renforcez-le. Quelle est la sensation ? Introduisez l'image d'une valve ou d'un interrupteur qui s'ouvre et se ferme pour permettre à l'énergie de monter.

10. Demandez à la personne d'ouvrir l'interrupteur. La réponse au test musculaire est forte.

11. Demandez-lui de le fermer. La réponse est faible.

Rééducation du mouvement (voir figure 16).

1. Demandez à la personne de s'asseoir sur une chaise. Faites un test musculaire. La réponse est-elle forte ou faible ? Si elle est faible...

2. Demandez-lui de s'asseoir de nouveau en « ouvrant l'interrupteur » dans son cou. La réponse au test musculaire est forte.

3. Demandez-lui de se lever. Faites un test musculaire. La réponse est elle forte ou faible ? Si elle est faible...

4. Demandez-lui de rester debout en « ouvrant l'interrupteur » dans son cou. La réponse au test est forte.

5. Demandez à la personne de s'asseoir à une table, et de lire silencieusement quelques lignes. La réponse au test musculaire est elle forte ou faible ? Si elle est faible...

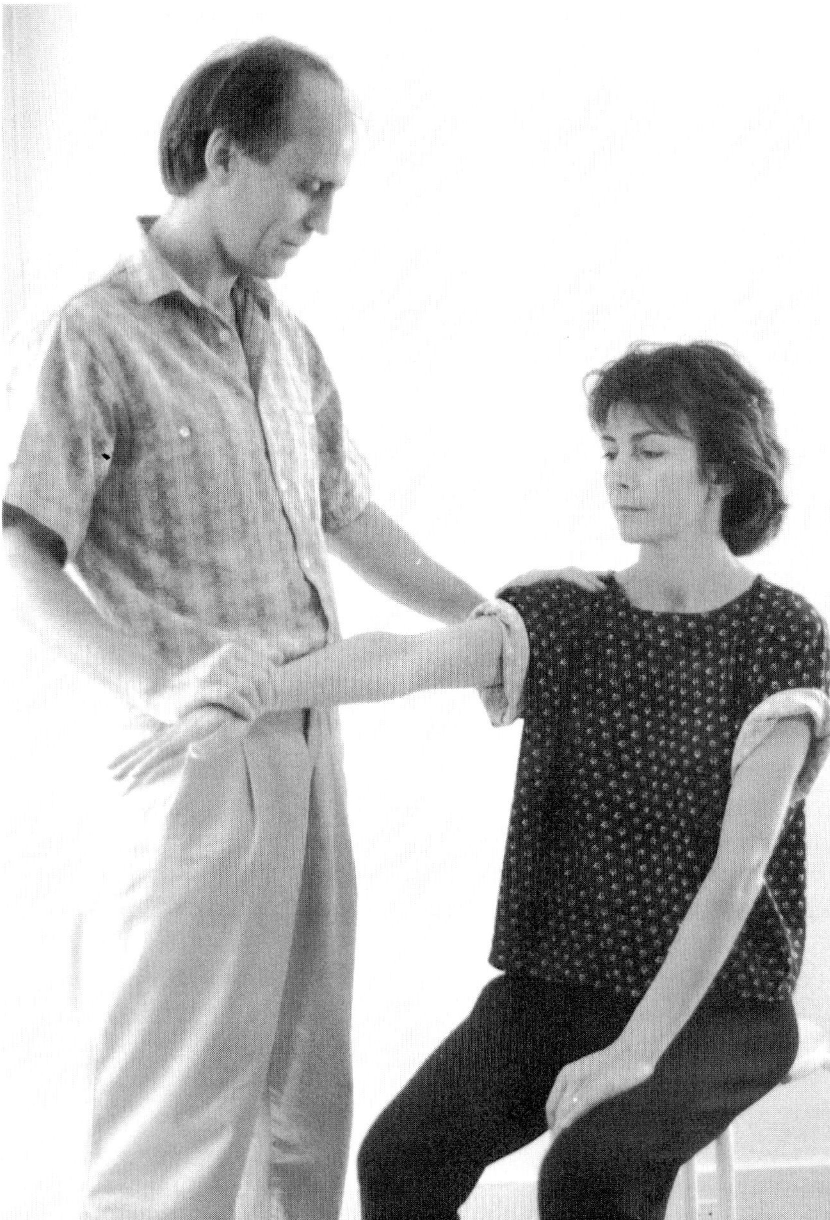

Fig.16 : S'asseoir peut changer la circulation de l'énergie dans le cou et la rendre négative.

6. Demandez-lui de lire en « ouvrant l'interrupteur » dans son cou. La réponse au test est forte.

7. Demandez à la personne d'écrire quelques lignes (voir figure 17). La réponse au test musculaire est elle forte ou faible ? Si elle est faible...

8. Demandez à la personne de trouver une posture dans laquelle l'« interrupteur du cou reste ouvert » quand elle écrit. La réponse au test est forte.

Fig.17 : La position adoptée pour écrire peut modifier l'énergie qui circule dans le cou et la rendre négative.

Analyse posturale.

La procédure ci-dessus peut être utilisée pour toutes les activités. Certaines sont particulièrement importantes : marcher, courir, chanter, manger, parler, faire du sport. Une pratique continue renforcera les habitudes positives. Si vous voulez aider vos étudiants, observez leur posture pour voir la façon dont leur cou se ferme. S'ils penchent le cou en avant, équilibrez ce mouvement en étirant doucement en arrière, et utilisez le test musculaire pour montrer comment ceci ouvre une valve qui libère la circulation de l'énergie. S'ils retiennent leur respiration pour bloquer le cou, montrez leur comment insuffler de l'énergie dans le cou. S'ils raidissent leurs muscles d'un côté du corps, ou s'ils n'utilisent qu'un oeil pour lire ou pour écrire, montrez leur comment cela affecte le flux d'énergie dans le cou. Faites leur découvrir, avec votre aide, ce qu'ils doivent faire pour eux-mêmes afin d'atteindre ouverture et équilibre. Si la langue semble impliquée, montrez comment la façon dont elle est placée peut affaiblir l'équilibre, si elle est vers la gauche, vers la droite, ou en avant, et comment l'équilibre se renforce si l'on presse la langue contre le palais.

D'autres méthodes pour maintenir un haut niveau de circulation d'énergie ont été découvertes. Toutes peuvent être utilisées pour maintenir la circulation du flux positif de la vie. Lorsque vous essaierez ces techniques, ainsi que d'autres présentées dans ce livre, notez celles qui sont les plus efficaces pour vous et pour vos étudiants, et vous aurez la clé d'une posture équilibrée.

Visualiser.

Afin d'intérioriser une posture correcte, il est essentiel que vous voyiez autour de vous et en esprit des choses qui soient porteuses de joie, d'énergie et d'élévation. Votre sourire ou le sourire d'un autre vous équilibre. Visualisez un visage heureux et vous serez plus grand. Visualisez un visage triste et vous serez faible et avachi.

Visualisez un arbre, un oiseau qui s'élance dans le ciel, un pic montagneux, et testez votre force.

Quels sont les symboles qui connotent la force pour vous ? Un clocher d'église, un chiffre de chance, une photographie, quelqu'un en particulier ? Utilisez les tests musculaires pour identifier les éléments qui vous font vous sentir plus grand.

Ressentir.

La sensation est encore plus efficace que la vision. Devenez l'arbre dont les racines s'enfoncent profondément dans la terre et qui s'élance toujours plus haut et plus droit tandis que l'énergie vitale circule. Ressentez comme vous vous sentez léger et libre, vous mouvant sans effort apparent. Faites l'expérience du sentiment d'amour qu'un être humain éprouve pour un autre. Un amour sans conditions qui ne demande rien en retour. L'amour d'une mère pour son enfant ou d'un enfant pour son animal familier. Quand l'énergie de l'amour inconditionnel circule, il n'y a pas de blocage d'énergie.

Etre.

Ressentez le bonheur d'être en vie ici et maintenant. Oubliez les problèmes du futur et les erreurs du passé, et faites l'expérience du présent. Le temps, passé, présent, et futur, est maintenant, et si vous restez équilibré pour suffisamment de « maintenants » toute chose prendra soin d'elle-même. Cela a toujours été et cela sera toujours.

Apprécier la vie.

Nous disons souvent que le rire est le meilleur des remèdes. Prenons-nous moins au sérieux. Voyons l'humour dans nos erreurs et nos folies, et même dans nos triomphes. Pour ressentir la joie de vivre, aimer et se sentir vivant sont les clés de la posture.

CHAPITRE SEPT

La dominance latérale

Main dominante et oeil dominant.

Tracey a treize ans. Elle déteste lire et écrire. Quand elle lit elle a du mal à prononcer des mots un peu longs comme « patriotisme » et elle se trouble facilement. Quand elle écrit, il semble qu'elle ne peut pas prendre en compte tous les mots, et il lui arrive même d'oublier ce qu'elle voulait dire. Sa conversation est pourtant brillante, et elle retient tout ce qu'elle entend. Elle adore dessiner, peindre, et composer ses propres chansons.

Mark a quinze ans. Il lit avec aisance, et n'a jamais eu de mauvaises notes avant d'entrer au lycée. Il est calme, timide, réticent à parler. Sa posture apparaît tendue et on dirait qu'il va tomber en avant. Il aime beaucoup les mathématiques, mais la plupart des autres matières qu'il aborde maintenant le désespèrent, car sa compréhension de l'écrit est trop faible.

La Kinésiologie éducative étudie la dominance latérale afin d'aider les personnes à comprendre leurs forces et leurs faiblesses. Dans l'idéal, nous sommes nés avec deux mains, deux yeux, deux oreilles, et même deux cerveaux. Mais, pour un certain nombre de tâches, il arrive qu'une main, un oeil, une oreille, un cerveau soit dominant et dirige les opérations et que l'autre doive se contenter de suivre.

Le cerveau droit commande le côté gauche du corps, et le cerveau gauche commande le côté droit. Les nerfs qui vont vers les muscles ou les organes des sens traversent directement le corps depuis l'hémisphère concerné. Quand l'un des hémisphères travaille, l'autre se repose, ou exécute des tâches qui ne nécessitent pas de contrôle conscient.

Les techniques de la Kinésiologie éducative déterminèrent que le schéma de dominance de Tracy était :

Cerveau Droit et Main Droite
et Oeil Gauche
et Oreille Droite,

alors que le schéma de dominance de Mark était :

Cerveau Gauche et Main Droite
et Oeil Droit
et Oreille Gauche.

Le schéma de dominance le plus efficace implique une cohérence totale. L'individu de type « cerveau droit » se servira de sa main, de son oeil et de son oreille gauche, tandis que l'individu de type « cerveau gauche » utilisera la main, l'oeil et l'oreille droits.

Quand cette cohérence existe, les deux cerveaux s'harmonisent et coopèrent facilement, et demeurent actifs, permettant ainsi l'intégration bilatérale. Quand le schéma n'est pas cohérent, et que les dominances latérales sont mixtes, les deux cerveaux ne savent plus quand ils doivent fonctionner et pour quoi faire. Ceci vide complètement le système de son énergie, et c'est alors que la déconnexion se produit.

La lecture, l'écriture et l'orthographe sont des tâches de type exclusivement « cerveau gauche », et le profil idéal pour un apprentissage rapide dans ce domaine est le schéma de dominance suivant :

Cerveau Gauche et Main Droite
et Oeil Droit
etOreille Droite.

Un tel individu est capable de penser consciemment au langage qu'il décode et encode quand il lit ou écrit, et de diriger sa main, son oeil et son oreille sur les détails significatifs : il entend l'histoire dans sa tête. Pendant que son cerveau gauche s'applique à l'analyse des faits, le cerveau droit s'occupe de processus inconscients : reconnaissance des mots, mouvement de l'écriture, écoute du rythme et du débit des mots et des phrases, organisation et synthèse de l'ensemble.

L'apprenant de type « cerveau droit » ou celui, qui a une dominance mixte n'a pas autant de facilités pour lire et écrire. Il doit apprendre à rester équilibré et connecté en maximisant les périodes d'intégration et en minimisant celles de trouble et de déconnexion. Ce livre a été écrit pour qu'un tel type d'intégration soit possible.

La majorité des gens (on l'estime à environ soixante quinze à quatre-vingts pour cent de la population) possède une dominance main droite/oeil droit. Cela signifie que le cerveau gauche est apparemment aux commandes, et que ce groupe rencontre peu de difficultés d'apprentissage. Il ne fait cependant aucun doute que beaucoup de ceux qui font partie de ce groupe sont en réalité du type « cerveau droit », et il n'existe aucune garantie qu'ils utilisent le maximum de leur potentiel d'apprentissage.

Quoi qu'il en soit, les compétences fondamentales sont acquises plus facilement dans ce groupe et, pourvu que les conditions éducatives soient adéquates, on en rencontre peu de représentants dans les centres de rééducation de la lecture.

Environ dix pour cent de la population possède une dominance « main gauche/oeil gauche », laissant penser à une dominance « cerveau droit ». Il est difficile de généraliser à propos des gauchers, car il existe bien des façons de compenser au plan neurologique. Après une période de confusion, généralement traumatisante, ceux-ci apprennent à s'adapter à un monde où les ciseaux, les ouvre-boîtes, les cahiers à spirale et les pupitres sont faits pour les droitiers. La lecture, l'écriture et l'orthographe ont aussi été inventées pour un monde de droitiers, et environ dix pour cent des enfants qui souffrent de troubles de l'apprentissage sont gauchers.

Reste environ douze pour cent de la population dont le schéma de dominance est croisé ou mixte. Beaucoup ont une dominance « main droite/oeil gauche » et l'ignorent. Ils étaient peut-être gauchers à l'origine, mais ils ont été conditionnés autrement par des parents ou des enseignants bien intentionnés. Certains ont un schéma « main gauche/oeil droit », et d'autres sont ambidextres, capables de se servir aussi bien de leur main gauche que de leur main droite, mais sans dominance cohérente. Pris dans son ensemble, ce groupe constitue la majorité des dyslexiques, et bien plus de cinquante pour cent de ceux que l'on classe dans la catégorie des troubles de l'apprentissage.

La plupart des gens n'ont pas la moindre notion de leur oeil dominant, ni de la façon de le tester (voir figure 18).

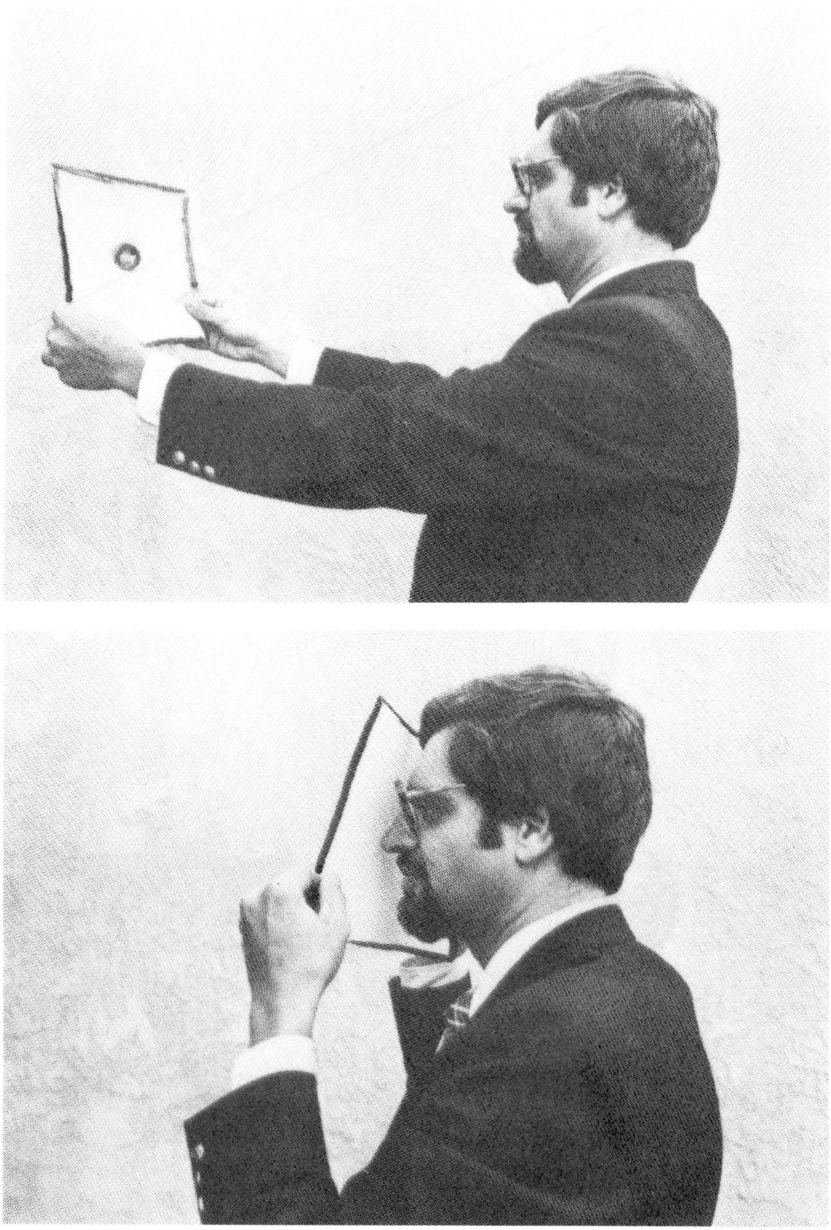

Fig.18 : Test pour la détermination de l'oeil dominant.

Test pour la détermination de l'oeil dominant.

1. Faites un trou dans un morceau de carton ou de papier, et tenez-le à bout de bras avec les deux mains de façon à pouvoir accomoder sur un objet fixe, par exemple une pièce de monnaie par terre ou un « X » au tableau.

2. Les deux yeux ouverts, et regardant apparemment par le trou, rapprochez le papier de votre visage, en continuant à viser l'objet.

3. Le trou se trouve maintenant devant un oeil, vous révélant quel est l'oeil que vous utilisez réellement pour aligner le papier et la cible. Est-ce le droit ou le gauche ?

4. On peut se livrer à un jeu amusant en couvrant l'oeil dominant d'un enfant qui croit regarder par le trou avec les deux yeux, faisant ainsi disparaître la cible. Les enfants sont stupéfaits et pensent que c'est un tour de magie.

Hémisphère dominant et mouvements oculaires.

Un certain nombre d'études sur le mouvement des yeux durant les processus mentaux suggère que la dominance « cerveau droit » et « cerveau gauche » existe à quantités à peu près égale, sans corrélation avec la main et l'oeil apparemment dominants.

En Kinésiologie éducative, le concept d'hémisphère dominant prend le pas sur ceux de main dominante ou d'oeil dominant. Les personnes de type « main droite/oeil droit » qui éprouvent des difficultés ou des inhibitions à apprendre sont peut être des « cerveaux gauches » qui s'ignorent, malgré une apparence de dominance gauche.

La relation subtile qui existe entre la vision et la pensée est depuis longtemps présente dans les expressions de la sagesse populaire. Nous disons « à mes yeux », « du point de vue de », « voir les choses de la même façon, du même oeil », « ça va lui ouvrir les yeux », « avoir quelque chose en vue »... Nous disons « je ne vois pas » pour dire que quelque chose nous semble difficile à comprendre.

La nécessité de se servir de ses yeux pour lire et écrire semble une évidence, et la capacité à poser le regard sur une page semble une tâche si ordinaire qu'elle n'est généralement pas mise en question. Mais on a rarement étudié la relation entre cette capacité et les processus mentaux. Ce n'est qu'une action mécanique, qu'on apprend comme on apprend à manger ou à marcher !

Il a été récemment démontré que les yeux n'ont pas besoin de « voir » pour bouger. Le fait de penser, en soi, produit des mouvements oculaires latéraux conjugués [1] vers la gauche ou vers la droite. Quand le cortex cérébral reçoit une stimulation électrique, l'une des réponses les plus fréquentes est un mouvement oculaire. Quand certaines parties de l'hémisphère gauche sont stimulées, les yeux effectuent un mouvement vers la droite, et vice versa. Quand on lui pose une question, un individu aura une façon caractéristique de regarder en haut à gauche ou en haut à droite pendant qu'il pèse sa réponse. Nous percevions auparavant ce phénomène comme une idiosyncrasie, une manie, comme lorsque les professeurs disent « Johnny, la réponse n'est pas écrite au plafond ! »; nous savons maintenant que les fonctions de l'hémisphère gauche produisent un mouvement des yeux vers la droite, et les fonctions de l'hémisphère droit un mouvement vers la gauche. Tout individu a une tendance qui lui est propre à porter le regard vers la droite ou vers la gauche. Ces deux tendances se répartissent de façon égale dans la population globale (voir figure 19).

Fig.19 : Quand l'hémisphère gauche est stimulé, les yeux se tournent vers la droite, et inversement.

Quand une personne regarde d'un côté, c'est qu'elle est en train d'activer un hémisphère pour mieux se concentrer et qu'elle désactive l'autre. C'est ce que nous faisons tous inconsciemment lorsque nous devons faire appel à notre mémoire, calculer mentalement ou visualiser quelque chose. En fait, tous les mouvements oculaires ne sont pas perceptibles, et certains semblent regarder toujours droit devant eux. La pratique des tests musculaires permet à celui qui examine de détecter quel hémisphère est connecté ou déconnecté. L'hémisphère couramment privilégié est l'hémisphère dominant. Il correspond habituellement à l'oeil dominant, mais il peut correspondre à celui qui commande l'oreille dominante, ou la main dominante, ou encore être totalement différent.

Technique de détermination du cerveau dominant.

1. Faites un test neutre des Deltoïdes droit et gauche.

2. Posez une des questions dont la liste figure ci-après.

3. Testez chaque bras, un par un, immédiatement après la réponse à votre question. Si les deux bras sont forts, les deux hémisphères sont stimulés et la réponse que vous obtenez est une réponse intégrée. Si le bras gauche est faible et le bras droit fort, c'est que le cerveau gauche seul a été stimulé. Si le bras droit est fort et le gauche faible, l'inverse. Les résultats du test musculaire devraient coïncider avec les mouvements oculaires, s'ils sont perceptibles.

4. Recommencez la procédure jusqu'à la fin de la liste. Si un côté semble favorisé, quelle que soit la question posée, vous pouvez faire l'hypothèse ferme que c'est le côté dominant.

Questions qui demandent une connexion d'un seul côté du cerveau.

1. Combien y a-t-il de « i » dans « Mississipi » ?

2. Est-ce que c'est le rouge ou le vert qui est en haut d'un feu de croisement ?

3. Fredonnez une chanson.

4. Comment vous sentez-vous quand vous êtes en colère ?

5. Combien font douze fois treize ?

6. Qui était Président en 1942 ?

7. Comptez à l'envers à partir de 100.

8. Quelle est la différence entre contraction et dilatation ?

9. Dites 85 193 à l'envers.

10. Dessinez mentalement un losange.

L'intégration visuelle.

La relation entre les mouvements oculaires et les processus mentaux débute très tôt dans l'existence. L'organisme humain commence à exister dans l'espace à la naissance, et il apprend à utiliser les yeux en se rapprochant ou en s'éloignant de la mère, de la nourriture, des sons, des jouets. Au début, il ne se sert que d'un oeil à la fois, mais il apprend rapidement à utiliser les deux quand il commence à se traîner par terre, à ramper, à marcher et à courir. S'il apprend à effectuer des mouvements binoculaires corrects, il développera des aptitudes visuelles efficaces pour accommoder de loin comme de près, percevoir la profondeur, etc. Dans le cas contraire, il doit compenser et modifier le message qui parvient au cerveau pour éviter de voir double. Le cerveau a le choix entre l'intégration de l'information bilatérale et l'inhibition de celle-ci. Dans le second cas, l'Energie est bloquée, avec production de stress pour le système.

La déconnexion visuelle.

Le champ visuel est d'approximativement 180 degrés. Chaque oeil a un champ de vision d'environ 120 degrés, avec un chevauchement, ou ligne médiane, de 60 degrés. Les quatre-vingt-dix degrés de gauche sont le champ visuel gauche, et les quatre-vingt-dix degrés de droite le champ visuel droit. Même si les deux hémisphères cérébraux reçoivent des informations de chaque oeil, c'est l'hémisphère gauche qui est activé quand on regarde dans le champ visuel droit, Réciproquement, l'hémisphère droit est activé quand on regarde vers la gauche.

La Kinésiologie éducative utilise la pratique des tests musculaires pour déterminer la qualité réelle de l'organisation neurologique, et pour s'assurer du fait que l'intégration est suffisante pour un apprentissage efficace. Comme tout test musculaire, c'est une technique simple, dès lors que vous comprenez bien la question que vous posez au corps. Il s'agit de tester le muscle pendant que vous demandez au sujet de bouger les yeux et la tête dans différentes directions.

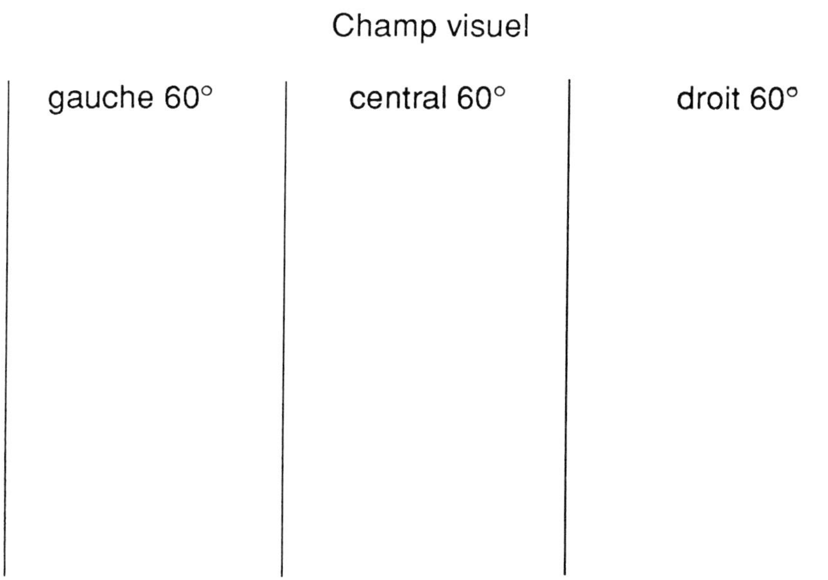

Fig.20 : « Les divisions du champs visuel ».

Les tests d'intégration visuelle.

1. Testez un muscle indicateur fort comme le deltoïde.

2. Demandez à la personne de regarder devant elle, et d'accomoder sur une cible au milieu du champ visuel. Tenez

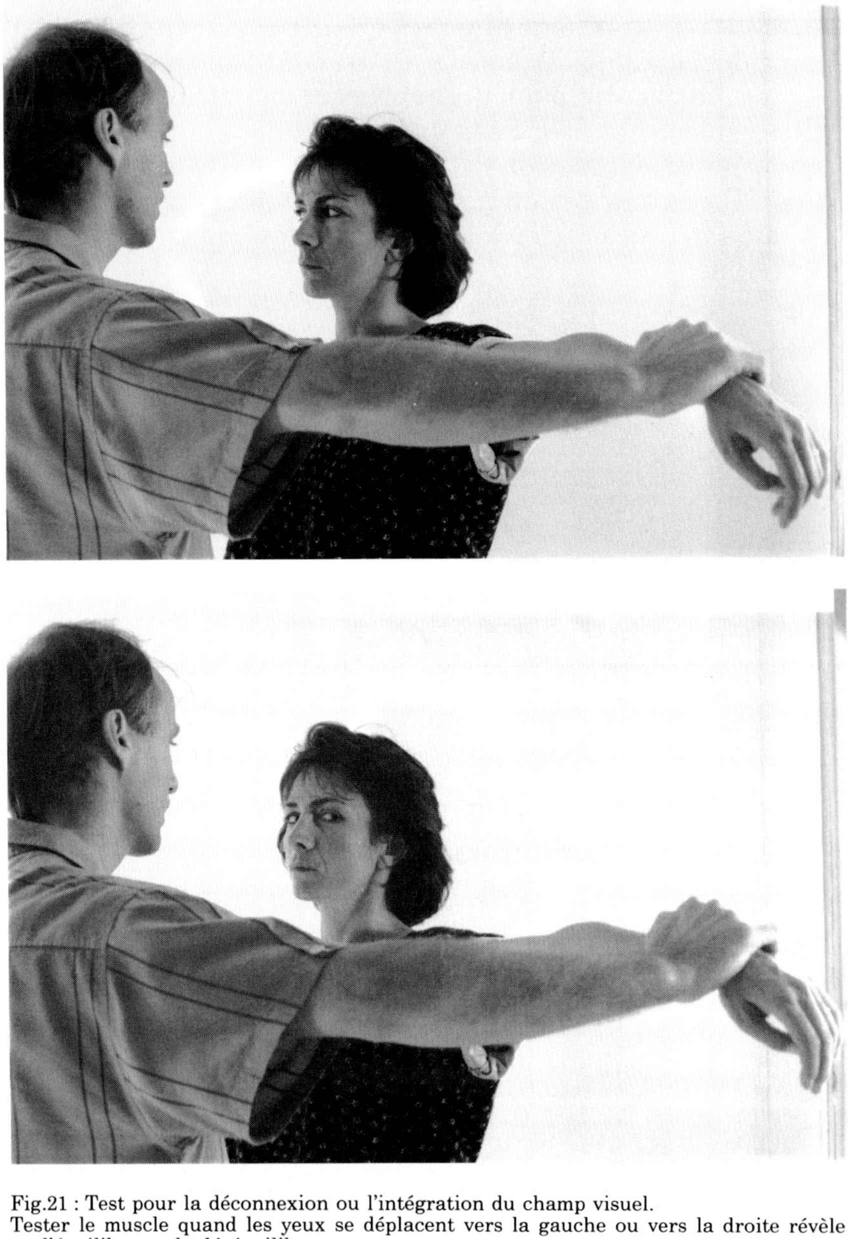

Fig.21 : Test pour la déconnexion ou l'intégration du champ visuel.
Tester le muscle quand les yeux se déplacent vers la gauche ou vers la droite révèle l'équilibre ou le déséquilibre.

la cible à une distance d'au moins cinquante centimètres pour que les deux yeux puissent travailler. A moins qu'il n'y ait un grave problème de strabisme, auquel cas la personne voit double, la réponse au test devrait être forte.

3. Demandez maintenant à la personne de regarder vers la gauche **sans** bouger la tête. La réponse au test musculaire est elle forte ou faible ?

4. Demandez-lui maintenant de regarder vers la droite. Veillez de nouveau à ce que la tête ne bouge pas. La réponse est elle forte ou faible ? (Voir figure 21).

Implications.

1. Si la réponse est forte quand la personne regarde devant, à gauche et à droite, l'intégration visuelle est bonne, et le stress lié au champ visuel est absent.

2. Si la réponse est forte à gauche et faible à droite, la personne a probablement un schéma de dominance « oeil gauche/cerveau droit ». Si elle a des problèmes d'apprentissage, vous êtes sur la voie de la solution.

3. Si la réponse est faible à gauche et forte à droite, il n'y a peut-être pas de graves problèmes. Il se peut aussi que l'étudiant lise lentement et évite les tâches qui demandent de la précision. Là aussi vous pouvez l'aider.

Reconnecter le système visuel.

Il existe plusieurs techniques pour « reconnecter » le système selon la gravité du problème. Vous pouvez choisir une des techniques suivantes ou les employer toutes. Plus vous en utilisez, mieux c'est. Pour vérifier l'efficacité du résultat, faites les mêmes tests musculaires que précédemment, et ce immédiatement après chaque technique, pour que vous et votre sujet puissiez sentir la différence. Vous ferez peut-être également l'expérience d'une amélioration immédiate de la vitesse de lecture et de compréhension.

1. Le Cross-Crawl.

Beaucoup de cas ne nécessitent qu'un mouvement croisé pour reconnecter la perception du champ visuel. Les exercices de « cross-crawl » ont le pouvoir d'équilibrer les muscles, y compris ceux qui contrôlent les yeux. C'est pourquoi vous pouvez équilibrer par le « cross-crawl » avant de pratiquer les exercices oculaires suivants, mettant fin ainsi à toute déconnexion inutile. Utilisez un crayon lumineux que vous tiendrez à cinquante centimètres des yeux pour les exercices suivants :

a) Suivre des yeux l'objet dans tout le champ visuel.

b) Suivre différentes rotations dans le sens des aiguilles d'une montre et en sens inverse dans tout le champ visuel.

c) Exercices de convergence. Commencer à cinquante centimètres des yeux, approcher le crayon de plus en plus près du nez en regardant les yeux. Arrêtez quand la personne voit double ou quand les yeux arrêtent de converger.

2. Le massage.

Massez profondément et fermement les points d'acupressure connus sous le nom de « Reins-27 », en posant une main sur la zone du nombril. (voir figure 22).

L'acupuncture et l'acupressure sont de très anciennes méthodes d'équilibrage de l'énergie. Celle-ci traverse tout le corps, d'un côté à l'autre, quand elle est activée par ces points. Ceux qui ont un schéma unilatéral feront souvent un « cross-crawl » spontané si l'on stimule ces points.

Fig.22 : Masser les points d'acupressure « Reins-27 », localisés entre la clavicule et le sternum, l'autre main posée au niveau du nombril.

L'ouvrage de Walther sur la Kinésiologie affirme que ces points agissent comme des alternateurs qui permettent la circulation de l'énergie entre les deux côtés du corps. Il dit plus loin que « en acupuncture classique, les Chinois appellent « R-27 » la « maison des points associés ». C'est « le point associé de tous les points associés. »

3. Le Yoga. (Voir figure 23).

Décontractez la tête et la partie supérieure du torse en vous penchant en arrière, en fonction de votre agilité et de votre souplesse. La tête en arrière, laissez la gravité dissoudre la tension, et respirez profondément pour apporter

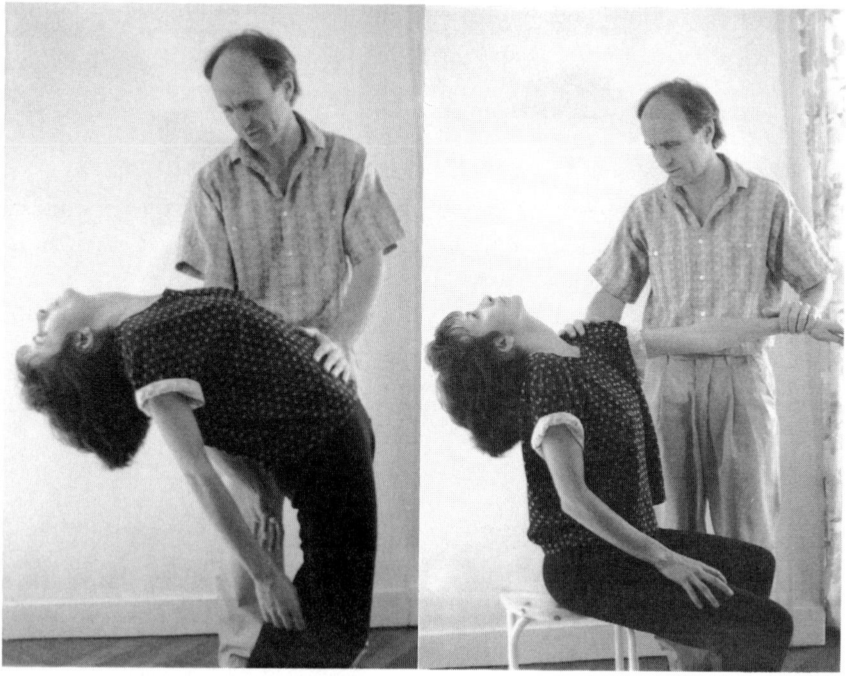

Fig.23 : Laisser la tête pendre en arrière, sans faire d'efforts, en respirant profondément et en tournant les yeux dans toutes les directions.
Les réultats seront d'autant meilleurs que vous irez plus loin.

de l'énergie au cou. Si la poitrine est concave, essayez de l'ouvrir sans toutefois forcer. Faites maintenant un mouvement des yeux d'avant en arrière en regardant au plafond, et continuez à respirer. Il y a des propriocepteurs dans les muscles du cou. Ce sont eux qui activent les muscles des yeux lorsque le cou est dans cette position. C'est la position du cou au stade où l'enfant rampe, à l'époque où vous appreniez à vous servir de vos deux yeux en même temps.

La Kinésiologie éducative défend la position selon laquelle « les muscles ont une mémoire ». C'est parce que le cou était dans cette position quand nous commencions à apprendre les mouvements oculaires synchrones que cette posture peut rétablir cette aptitude des années plus tard.

La Kinésiologie éducative et l'audition.

Le développement de l'audition et du langage est généralement considéré comme une évidence, et, mis à part quelques tests d'audition si l'on soupçonne une surdité, il n'y a jamais eu beaucoup de pratique en ce qui concerne l'éducation de l'oreille. La Kinésiologie éducative et la pratique des tests musculaires introduisent le concept d'oreille dominante, et proposent des moyens pour tester l'intégration auditive bilatérale.

Les recherches récentes sur le cerveau démontrent que, exactement de la même manière que les yeux se déplacent vers une cible visuelle, les oreilles « pointent » vers le son. Un bébé tourne la tête vers le son, et les propriocepteurs, qui sont eux aussi dans le cou, donnent une impulsion au cerveau pour qu'il active une des deux oreilles (voir figure 24).

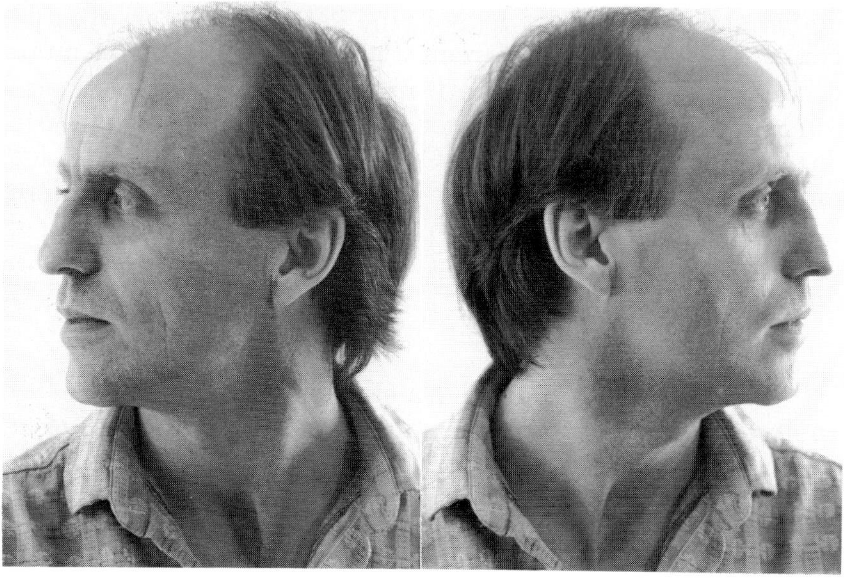

Fig.24 : Quand l'hémisphère gauche est stimulé par le son, la tête se tourne vers la droite, et inversement.

Encore une fois, comme pour les yeux, le cerveau droit a un accès direct à l'oreille gauche, et le cerveau gauche commande l'oreille droite. Il semble que les enfants naissent avec l'aptitude à entendre le langage — une fonction du cerveau gauche — de l'oreille droite, et à écouter les rythmes de l'oreille gauche, une fonction du cerveau droit.

L'oreille dominante correspond généralement à l'oeil et à l'hémisphère dominants. L'observation de la direction dans laquelle la tête se tourne peut nous fournir des informations. Certaines personnes éprouvent des difficultés à tourner la tête dans une direction donnée. Celle-ci devrait correspondre au côté non dominant.

Le test musculaire pour une oreille déconnectée est similaire à celui des yeux, excepté le fait que la personne tourne maintenant la tête.

Tests musculaires pour l'équilibre de l'oreille et l'intégration auditive. (Voir figure 25).

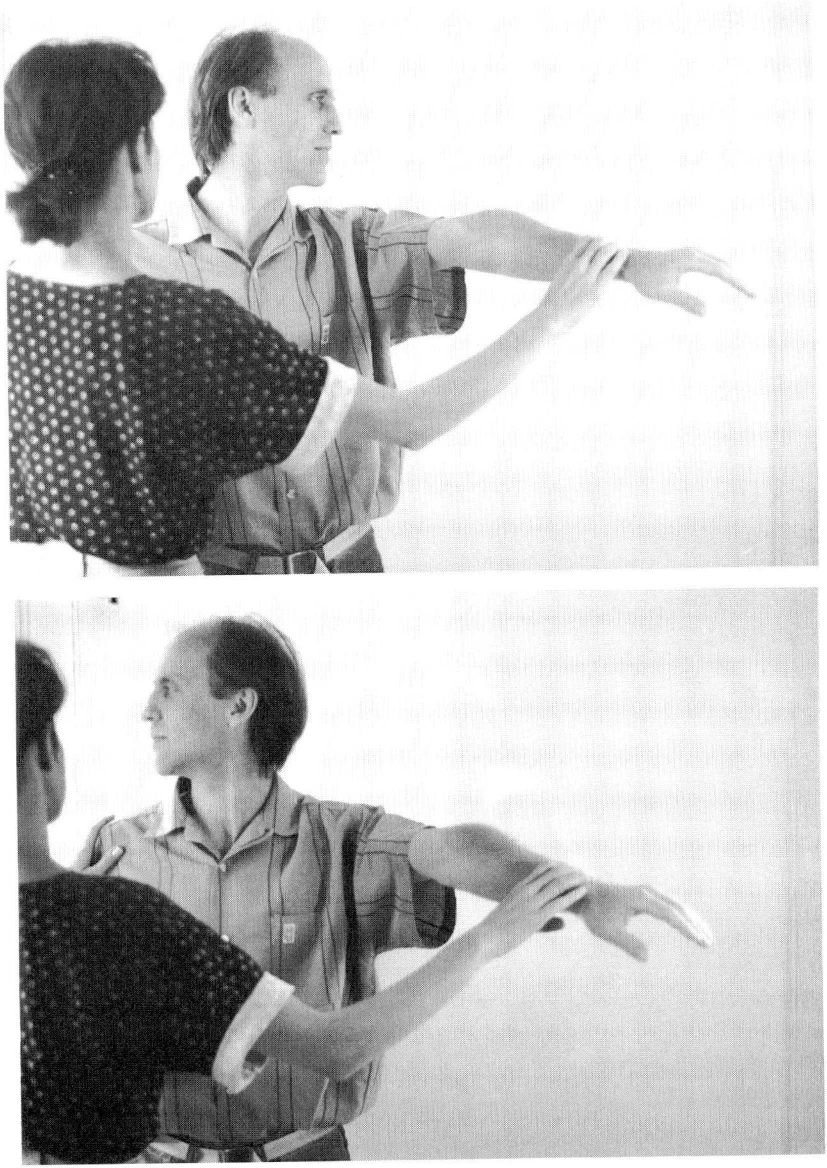

Fig.25 : Tester le muscle, quand le sujet tourne la tête à droite ou à gauche, révèle un équilibre ou un déséquilibre dans le flux d'énergie qui alimente l'audition.

1. Choisissez un muscle indicateur fort et testez la personne en lui demandant de regarder en face.

2. Demandez-lui maintenant de tourner la tête vers la droite. Le muscle indicateur est-il fort ou faible ?

3. Testez maintenant lorsque la personne tourne la tête à gauche.

Implications.

1. Si la réponse est forte du côté droit et du côté gauche, il y a intégration auditive.

2. Si elle est faible quand la tête est tournée vers la droite, mais forte quand elle est tournée vers la gauche, la personne utilise probablement son cerveau droit pour les fonctions auditives, avec des capacités d'écoute, d'attention et de mémorisation auditive en dessous de la moyenne. Vous pourrez lui apporter de l'aide.

3. Si elle est faible quand la tête est tournée vers la gauche, mais forte quand elle est tournée vers la droite, la personne utilise presque exclusivement son cerveau gauche pour les fonctions auditives. Elle lit sans doute lentement, sans rythme et sans phrasé; son expression verbale est probablement pauvre et monotone. Vous pourrez également lui apporter de l'aide.

Rééquilibrer les oreilles

(voir figure 26).

Massez les oreilles de haut en bas en les dépliant. Ceci apporte de l'énergie aux oreilles et améliore l'écoute et les aptitudes langagières.

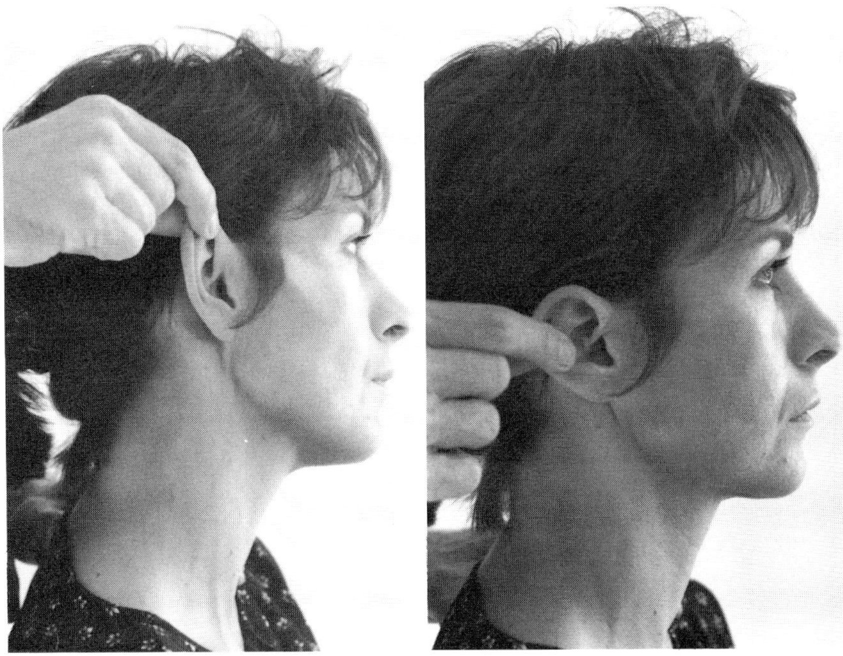

Fig.26 : Déplier les oreilles, de haut en bas, apporte de l'énergie et favorise l'audition.

Les personnes qui travaillent dans le domaine du rééquilibrage musculaire savent bien que cet exercice qui concerne les oreilles apporte de l'énergie au corps. J'ai découvert cette relation avec le langage en travaillant avec Jeffrey, un garçon virtuellement sourd de naissance. Il avait appris à parler en utilisant une technique où il mettait la main contre la gorge de sa mère, imitant la fréquence des vibrations en activant les muscles de sa propre gorge. Ce type de sourd a souvent un rythme, un ton et un phrasé distinctifs. Jeffrey parlait pourtant avec une grande aisance, et ses capacités à l'expression orale étaient intactes.

Les parents et les enseignants remarquèrent que la voix de Jeffrey changeait quand il lisait. Le son devenait aigu et nasal, et la voix perdait toutes ses qualités rythmiques et expressives. Après avoir fait passer à Jeffrey les tests de Kinésiologie Educative qui étaient en vigueur à l'époque, je fus incapable de le rééquilibrer, ni par le « cross-crawl », ni par le massage des points R-27, ni par les techniques de respiration et de yoga. Me rappelant l'exercice qui consiste à déplier les oreilles, je l'essayai en dernier ressort sur Jeffrey. La réponse fut immédiate. Ses yeux se centrèrent, ses muscles se raffermirent, et, plus excitant encore, la voix qu'il avait en lisant changea. Il pouvait maintenant lire de sa voix naturelle, sa voix « cerveau droit ». Je me rappellerai toujours la mère de Jeffrey s'écrier avec ravissement « Vous avez entendu ? Vous l'entendez lire ? Comme j'aime ça ! Comme j'aime ça ! »

J'ai découvert depuis l'importance du concept d'oreille dominante et du rééquilibrage des oreilles pour toute personne en état de déséquilibre.

ATTENTION

Le cerveau humain défie toute analyse simpliste. C'est pourquoi nous utilisons ces informations en relation avec les données d'autres tests sans nous départir de notre bon sens, dans le but d'aider les personnes. Le langage se développe dans les deux hémisphères du cerveau avant l'âge de cinq ans, et il existe un chevauchement important des informations stockées dans les deux hémisphères chez certaines personnes pour lesquelles ceux-ci ne se spécialisent pas. Il y a aussi beaucoup de gauchers ou de personnes qui possèdent un schéma de dominance croisé, pour lesquelles l'aptitude au langage est concentrée dans le cerveau droit et la plupart des fonctions du cerveau droit réside dans le cerveau gauche. Si vous êtes conscients de ce phénomène, ces tests vous aideront à les repérer.

note

(1) En anglo-américain CLEMs, acronyme pour Conjugate Lateral Eye Movements.

Liste de contrôle de Dennison quant à la latéralité

Nom .... Date ....

Dominance	Cochez la réponse	Mode de détermination (un ou plusieurs)
Main	Droite Gauche Ambidextre	1.Observation 2.Entretien
Oeil	Droite Gauche	1. Test du trou dans la carte 2. Test Mixte 3. Mouvements oculaires 4.Observation
Oreille	Droite Gauche Mixte	1. Mouvements de la tête 2. Tests musculaires
Cerveau	Droite Gauche	1. Observation 2. Tests musculaires 3. Mouvements oculaires 4. Mouvements de la tête

Cette liste tient compte des méthodes qui se sont montrées les plus efficaces en Kinésiologie éducative. On utilise les transformations obtenues pour déterminer les zones qui ont besoin d'être équilibrées. L'objectif ultime est la cohérence du mouvement et des stratégies adaptées en ce qui concerne les processus de pensée et de résolution de problèmes.

CHAPITRE HUIT

Deux opposés absolus : Cerveau gauche et cerveau droit

Les héros de cette histoire sont deux individus étranges et distincts. Ils diffèrent l'un de l'autre comme le jour de la nuit, et pourtant ils vont à la même école, font les mêmes voyages, et sont candidats aux mêmes emplois, exactement comme s'ils étaient semblables. Aucun d'eux n'a conscience de l'existence de l'autre, bien qu'ils aient bien plus besoin l'un de l'autre qu'ils ne le sauront jamais. Ils jouent chacun un rôle égal et significatif dans la résolution du conflit présenté dans l'intrigue de ce livre. Le lecteur doit être averti qu'il doit extrêmement bien connaître ces deux personnages, s'il veut apprécier pleinement la façon dont on peut résoudre une énigme vieille comme le monde. Pour préserver l'anonymat de nos deux sujets, et pour des raisons qui s'éclairciront au fur et à mesure de notre démonstration, nous les appellerons « Cerveau Gauche » et « Cerveau Droit ».

Cerveau Gauche traverse l'existence comme un ordinateur. Il a même l'air d'en être un. Rien ne l'excite jamais vraiment, mais il est capable de traiter et d'emmagasiner d'énormes quantités de données, avec efficacité et méthode, étape par étape. Cerveau gauche préfère les informations de nature auditive, en particulier le langage parlé, et il les stocke de façon logique et organisée en vue de leur utilisation ultérieure. Si on lui demande de parler, sa voix de robot, électronique, monotone, régurgite les données. Il les écrit de façon rigide et mécanique, en suivant des règles codées de linéarité, de séquentialité et de structure grammaticale. Mais il ne sait pas dessiner, et ne sera jamais un créateur ni un artiste. Cerveau Gauche peut se concentrer de manière remarquable sur un élément ou un problème isolé, et il est capable d'éviter toute distraction, jusqu'à ce qu'il soit sûr d'avoir trouvé la réponse correcte. Il ne fait pas confiance à son intuition, ne suit jamais une « petite idée« , préfère l'analyse et le raisonnement logique. Il tire ses plus grandes satisfactions de l'efficacité, de l'ordre, et de l'exactitude mathématique. Il est tendu, raide, et maladroit quand il s'agit de se mouvoir dans l' espace, et peut se rendre ridicule quand il danse. Participer à des activités sportives ne l'intéresse absolument pas et, pour parler franchement, il évite le mouvement et le contact chaque fois qu'il en a la possibilité. Il préfère rester assis et penser.

Cerveau Droit perçoit l'univers comme un tout, et ressent la plénitude de toutes les dimensions de l'expérience. Elle n'imagine même pas qu'on puisse essayer de comprendre un problème, ou d'en faire l'analyse logique. Cerveau Droit « connaît » tout simplement la vérité, et fait confiance au sentiment de justesse que celle-ci lui donne. Cerveau Droit est ce qu'on peut appeler une artiste. Elle éprouve une intense curiosité de son environnement matériel, et vit le moment présent dans sa plénitude absolue. Elle se sert de ses yeux et ses oreilles pour faire provision d'images qu'elle puisse peindre et de mélodies qu'elle puisse chanter. Elle est à jamais un enfant de trois ans dans sa redécouverte permanente de la beauté du monde qui l'entoure. Son imagination est sans limites; elle peut rappeler et reconstruire sans effort n'importe quelle information de nature visuelle. Mais elle rejette tout traitement d'informations auditives, et les tâches qui impliquent un trop grand nombre d'étapes à mémoriser la troublent profondément. Elle est gouvernée par ses émotions, et un moment lui suffit pour passer de l'extase au désespoir. C'est une comédienne née : donnez-lui une ligne de texte, et elle occupera toute la scène, tant sa voix, ses mains, son corps tout entier, expriment la signification même des mots. Elle ressent la signification profonde de l'existence, et amène les autres à la « ressentir » à leur tour.

Cerveau Droit est une athlète, et ses mouvements dans l'espace sont bien coordonnés. Elle semble agir de façon décontractée et sans effort, car elle est parfaitement en phase avec son propre corps. C'est aussi une danseuse remarquable, car elle est capable d'entrer complètement dans la musique.

Cerveau Droit lit de façon déplorable, et son orthographe est atroce. Pour elle les lettres sont des dessins, et c'est pourquoi elle est capable de les recopier, mais elle ne sait ni épeler ni écrire vraiment. Elle reconnaît les visages, mais non les mots, à moins qu'ils ne soient fortement chargés de connotations, comme les logos commerciaux. Elle ne se sert pratiquement pas du rapport son/symbole qui est à la base de la quasi-totalité des langages occidentaux contemporains. Elle a plus de facilité à reconnaître et à mémoriser les nombres.

Cerveau Droit a une conscience globale de son environnement, et agit d'instinct, donnant souvent l'apparence d'être indisciplinée, impulsive et incapable de se concentrer. Elle se sent mal à l'aise dans toute école qui restreint sa liberté de mouvement, et s'y fait traiter d'étourdie. Elle a horreur du travail assis; les casse-têtes, les jeux de mots, les énigmes l'ennuient mortellement.

Il n'existe pas d'être réel qui réponde vraiment à la description de l'un ou de l'autre de ces deux extrêmes. Et pourtant il y a une forte probabilité que vous soyez en relation avec des personnes qui ressemblent à Cerveau Droit ou à Cerveau Gauche. Est ce que vous en connaissez ? Est ce que vous ne commencez pas à ressentir un soupçon, ou carrément de la nervosité à l'idée que l'un d'eux pourrait se tapir en vous ?

Celui qui ressemble à Cerveau Gauche est un individu capable d'écoute. Il fait naître l'ordre à partir du chaos et peut vivre dans une confusion apparente, car son ordre est intérieur. Il peut supporter de vivre en ville, de travailler dans un grand bureau, d'écouter des musiques bruyantes, de ne pas voir qu'on a besoin de faire le ménage. Aussi longtemps qu'il peut se parler à lui-même, il est heureux.

Celui qui ressemble à Cerveau Droit, en revanche, a besoin d'ordre pour fonctionner. Trop de sons en conflit les uns avec les autres, une dysharmonie visuelle la troublent et atteignent son pouvoir de concentration. Elle est incapable de se débrouiller dans le bruit et le désordre. Elle a besoin d'un environnement plaisant, tranquille et paisible pour pouvoir se décontracter et visualiser.

Un Cerveau Gauche mémorise tout ce qu'il entend et peut parler sans notes. Un Cerveau Droit a besoin d'un planning précis et d'une répétition avant de parler en public. Il prendra des notes abondantes, et tiendra toutes sortes de fiches. Aux examens, ce sont deux types opposés : Cerveau Gauche préfère les dissertations, et fait confiance à sa mémoire pour y trouver l'information nécessaire; Cerveau Droit préfère les questionnaires à choix multiple, où il suffit de reconnaître les bonnes réponses.

Nous connaissons certainement des personnes qui nous rappellent Cerveau Droit ou Cerveau Gauche, mais personne ne fonctionne entièrement d'une manière ou de l'autre dans la vie quotidienne (sauf après certaines opérations chirurgicales ou après une attaque). En revanche, certaines personnes peuvent se mettre à fonctionner comme Cerveau Droit ou comme Cerveau Gauche quand elles sont en situation de stress. C'est pourquoi il est important d'apprendre à reconnaître ces deux types de comportement.

Un cerveau actif

Pour mieux comprendre le rôle du cerveau dans l'apprentissage des automatismes de la lecture, de l'écriture, de l'orthographe et des mathématiques, nous pouvons nous aider d'une métaphore : celle d'un interrupteur d'appareil ménager, par exemple un aspirateur. Dès que nous basculons l'interrupteur en position « on », l'appareil fonctionne. Mais que se passe-t-il réellement ? Il y a d'abord la décision de mettre l'appareil en marche. Quand nous mettons l'interrupteur sur « on », l'énergie, sous sa forme électrique, va de sa source (la centrale) à un moteur qui est conçu ou programmé pour remplir une certaine fonction : entraîner des engrenages, des courroies, etc. Quand la fonction n'a plus de raison d'être, nous actionnons l'interrupteur en position « off », mettant ainsi fin au message que nous envoyons à la machine.

Les relations entre notre cerveau et notre corps sont exactement du même ordre. Quand le cerveau décide qu'il y a lieu d'effectuer un travail donné, notre corps devient une fantastique machine qui reçoit des messages par l'intermédiaire de tout le système nerveux. Quand nous voulons saisir un verre, c'est une décision dans le cerveau qui envoie de l'énergie au muscle. Le muscle se contracte quand nous mettons le signal sur « on » et se relâche quand nous le mettons sur « off ». Le cerveau ne cesse jamais d'envoyer des signaux « on » et « off » à l'ensemble des muscles et des organes du corps. La plupart de ces décisions sont automatiques et involontaires.

Nous serions incapables de fonctionner si nous devions penser consciemment à la régulation de notre rythme cardiaque, de notre respiration, de notre digestion, etc. Tant qu'il n'y a pas de problèmes, nous tenons ce système « on/off » pour acquis.

Le cerveau humain.

Il serait plus juste de dire « nos cerveaux » que « notre cerveau », dans la mesure où ce sont deux entités mentales différentes et spécialisées qui contrôlent notre corps, et qui trient l'information en vue d'une prise de décision ulté-

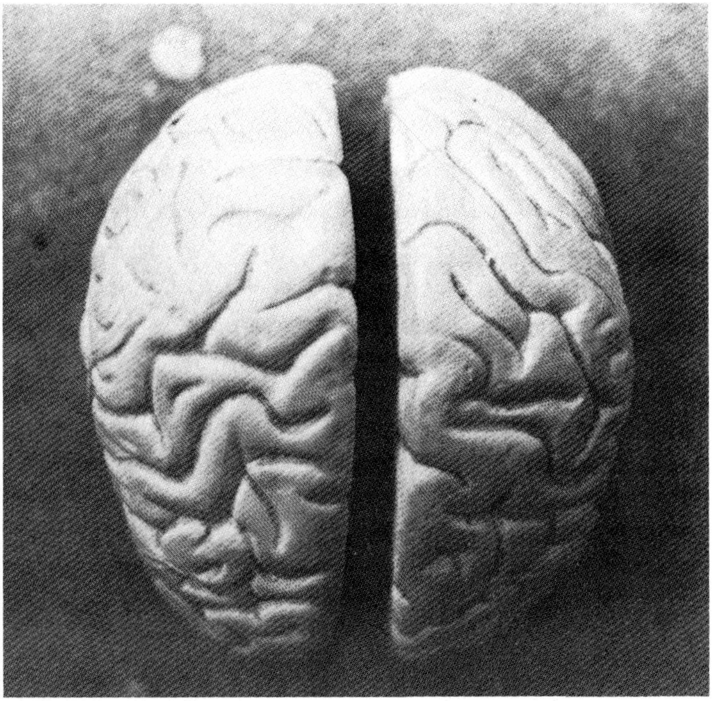

Fig.27 : Les hémisphères droit et gauche du cerveau sont deux organes totalement séparés et distincts, reliés seulement par un faisceau de fibres nerveuses appelées le « Corps Calleux ».

rieure. Ces deux cerveaux sont connus sous le nom d'*hémisphères.* L'hémisphère gauche est principalement responsable de la partie droite du corps, tandis que l'hémisphère droit est responsable de la partie gauche. Ils communiquent entre eux par l'intermédiaire du corps calleux qui est un ensemble de fibres nerveuses. C'est dans la première enfance que se développe un système complexe d'interrupteurs qui synchronise et intègre l'information pour que les deux cerveaux puissent coopérer de façon harmonieuse et coordonnée. Chaque hémisphère peut prendre le pas sur l'autre quand c'est nécessaire, et opérer pour son propre compte en vue de la réalisation d'une tâche donnée. En général, plus la tâche est complexe, et plus il y a de chances que les deux parties du cerveau soient impliquées dans l'opération. (Voir figure 27).

Les deux hémisphères, outre leurs responsabilités différentes au plan du contrôle musculaire, ont des fonctions séparées en ce qui concerne la conscience et les processus mentaux. Il existe une dualité qui semble intrinsèque à l'Univers, qu'on la nomme jour/nuit, yin/yang, pensée/intuition, logique/créativité, ou droite/gauche. Il semble que le cerveau soit lui aussi divisé de la même manière.

L'hémisphère gauche est impliqué de façon prédominante dans la pensée analytique, le langage et la logique en particulier. Il entre en action lorsque nous avons besoin de traiter des informations à la façon d'un ordinateur, de façon séquentielle et structurée. L'hémisphère droit, au contraire, est responsable de la mémoire visuelle, de l'orientation dans l'espace, des aptitudes artistiques, des sentiments, des émotions, de la conscience du corps et de la reconnaissance des visages. Il entre en action lorsque nous avons besoin de traiter l'information comme un tout, d'une façon simultanée plutôt que linéaire.

Il devient de plus en plus à la mode de parler de cerveau droit et de cerveau gauche. Nous lisons nombre de rapports de recherche et nous participons à des discussions éclairées. Chacun semble familiarisé avec l'idée qu'il existe une différence entre les deux hémisphères du cerveau. La plupart d'entre nous, y compris ceux qui travaillent dans ce domaine, n'a pas réfléchi beaucoup plus loin.

A l'issue de quinze années de recherches et d'expérimentation avec des étudiants, nous disposons maintenant d'une méthode pour comprendre les phénomènes cérébraux, que tous, professionnels ou non, peuvent utiliser à des fins pratiques. Cette idée nous semble stimulante parce qu'elle fait sens et parce qu'elle obtient des résultats. Nous ne suggérons pas que nous possédons toutes les réponses, mais notre conception du cerveau est si utile, si maniable et si cohérente que nous savons que nous marchons avec des bottes de sept lieues, et que les résultats que nous obtenons avec les enfants, qu'ils soient normaux ou handicapés, sont incroyables.

Voici comment la Kinésiologie éducative nous permet de comprendre et d'aider Jimmy : (voir fig. 28, 29 et 30).

1. Jimmy a une dominance cerveau droit/oeil gauche, établie par test musculaire. Quand il pointe les yeux vers la gauche, il est fort. Quand il pointe les yeux vers la droite, il est faible. Lorsqu'il écoute de l'oreille gauche (elle est également reliée au cerveau droit), il est fort. Quand il écoute de l'oreille droite, il est faible.

2. Quand il commence à tracer, son cerveau droit est actif et fort, puisqu'il fonctionne bien avec l'oeil gauche dans le champ visuel gauche. Son cerveau droit est aux commandes, il est heureux et conscient de ce qui se passe dans son corps.

3. Quand il atteint le point central, ou ligne médiane du corps, point où la synchronisation et la vision binoculaire sont essentielles, il y a conflit, puisque les deux

hémisphères n'ont pas appris à collaborer au niveau du champ visuel droit. Le cerveau gauche devrait prendre le dessus, traduisant en termes conceptuels le mouvement vers l'intérieur qui va vers la ligne médiane en mouvement vers l'extérieur, le cerveau droit fournissant alors un feed-back visuel, permettant ainsi à Jimmy de rester conscient du tout pendant qu'il se concentre sur la partie.

4. Au lieu de cela, Jimmy fournit un effort trop important. Il déconnecte le cerveau droit (le test musculaire le confirme), son mode dominant fort, pour lui permettre de piquer sur l'information et de se concentrer sur l'activité du cerveau gauche. Son cerveau droit produit alors des ondes alpha, comme dans les états méditatifs, pour compenser le stress provoqué par la traversée de la ligne médiane, l'usage de l'oeil droit et le fonctionnement dans le champ visuel droit. Un électro-encéphalogramme montrerait un tracé identique à celui d'une personne aveugle de l'œil gauche.

5. Au lieu de voir et de tracer les boucles de la façon dont le cerveau droit les verrait avec l'oeil gauche, il récupère l'image inversée de façon indirecte, par l'intermédiaire du corps calleux. Il lui manque alors le système d'informations réciproques des deux hémisphères pour pouvoir se corriger. L'image rétinienne est réellement inversée. Inaccoutumé à cet usage du cerveau gauche et de l'oeil droit, il entre dans la confusion. C'est notre expérience du mouvement dans l'espace, une aptitude du cerveau droit, qui nous apprend à percevoir ce que nous voyons.

L'explication de l'expérience de Jimmy nous permet de nous familiariser avec un certain nombre de concepts qui sont essentiels à la compréhension des phénomènes des deux hémisphères et à tout travail que nous pouvons faire à ce niveau :

1. Il existe deux cerveaux différents : le cerveau droit et le cerveau gauche, qui sont impliqués dans notre perception du monde sensible.

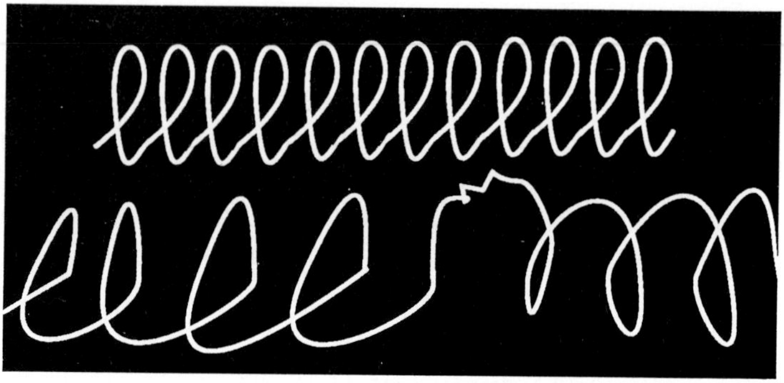

Figure 28 : Jimmy trace une série de boucles en se tenant au milieu du tableau. Nous pouvons observer une quantité de stress et d'indécision importante au milieu du tracé, mais Jimmy n'est pas conscient d'avoir changé de sens. Pourquoi ? Comment se fait-il que Jimmy ne puisse pas voir la différence entre la droite et la gauche ? Est ce qu'il ne sent pas la différence en dessinant les boucles ? Que se passe-t-il quand il atteint le milieu ? Est-ce cela que l'on nomme « Dyslexie » ?

2. Ou bien les deux cerveaux coopèrent, ou bien ils sont en conflit. Le conflit peut conduire à un traitement inefficace de l'information et à la déconnexion.

3. Les deux cerveaux perçoivent l'information de façon absolument différente. Nous devons comprendre les deux modes de conscience pour apprendre efficacement.

4. La conscience du champ visuel dans son entier, et la possibilité de fonctionner dans les deux champs visuels et de traverser la ligne médiane, sont fondamentales.

5. La concentration doit être libérée du stress, si nous ne voulons pas déconnecter un des côtés du cerveau. Nous devons toujours être conscients du fait que « le tout est plus que la somme de ses parties ».

6. Le cerveau droit est vital pour notre activité physique.

Pour nous aider nous-mêmes et aider les autres à apprendre, se développer ou changer, nous devons savoir comment nous fonctionnons. Exactement comme certaines

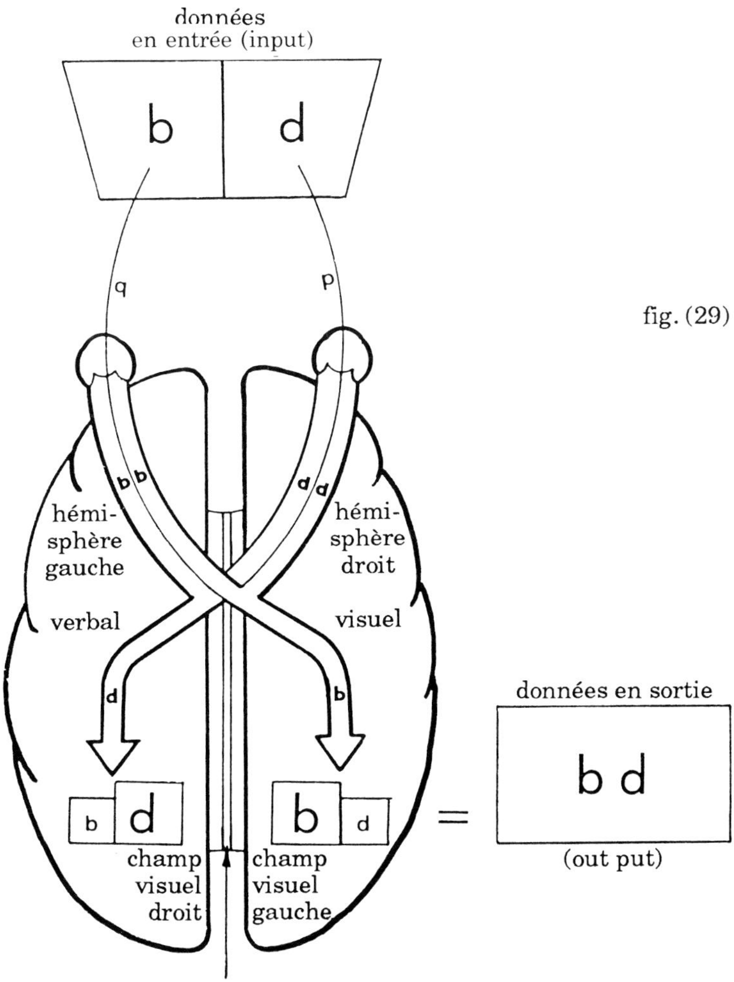

fig. (29)

La figure 29 est une esquisse simplifiée des deux hémisphères du cerveau quand l'intégration hémisphérique est normale. Les flèches représentent les connexions nerveuses, et montrent comment les images visuelles sont transmises des yeux au cerveau.

Chez l'individu normal, les nerfs connectent la moitié du champ visuel à chaque hémisphère. Il faut que le Corps calleux transmette un *feedback* en provenance de l'autre hémisphère pour que le traitement de l'information soit efficace (c'est ce que représentent les petits carrés). Le cerveau gauche reçoit les informations directement de l'oeil droit (flèche sombre), et indirectement par l'intermédiaire du corps calleux, qui relie les deux hémisphères dans ce but. Réciproquement, le cerveau droit reçoit les informations directement de l'oeil gauche et indirectement du droit. Le cerveau droit traite l'information comme un tout, sur un mode visuel. Le cerveau gauche analyse et traite des fragments d'information, grâce à ses aptitudes langagières et logiques.

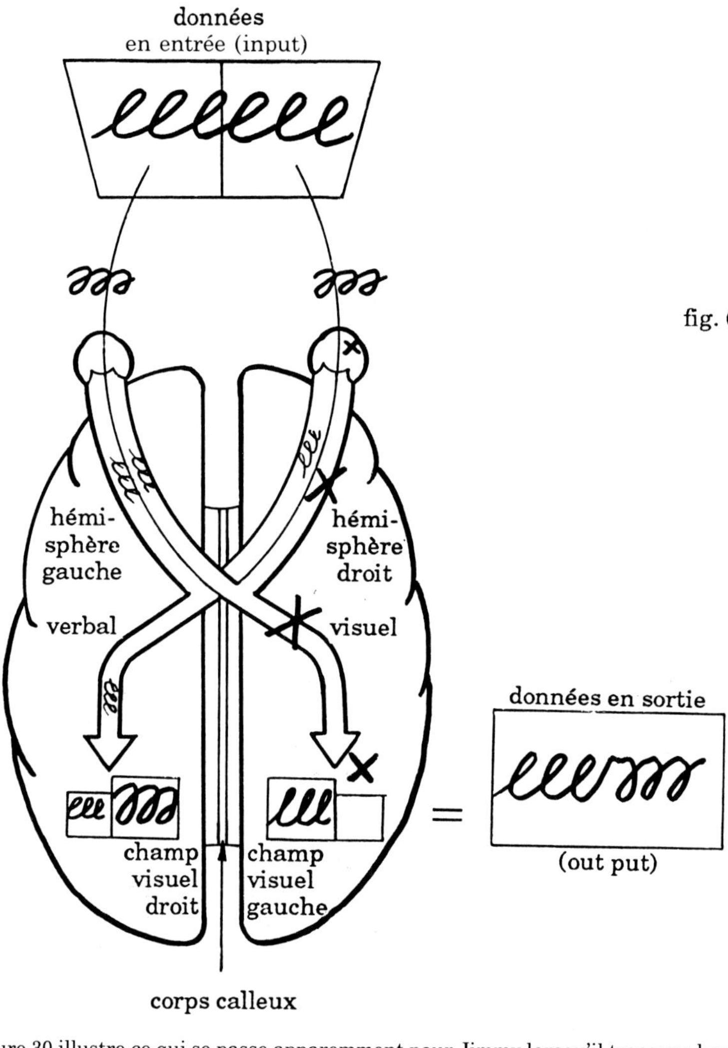

fig. (30)

La figure 30 illustre ce qui se passe apparemment pour Jimmy lorsqu'il trace ses boucles. Etudiez ce schéma en vous mettant à la place de Jimmy pendant quelques instants. Cela vous aidera à comprendre les processus complexes que nous considérons pourtant comme des évidences.

Si la connexion nerveuse au cerveau droit est défectueuse, il se produit une confusion, puisque le feedback provenant du cerveau droit n'est plus disponible au-delà de la ligne médiane. C'est l'information incorrecte du cerveau gauche qui prédomine alors.

plantes ont besoin de plus de soleil et que d'autres demandent plus d'eau, chacun a des besoins qui lui sont propres, et il faut les identifier.

Deux types d'apprenants.

La Kinésiologie éducative propose une méthode sans équivalent pour faciliter le diagnostic et l'identification de deux grands types différents d'apprenants. Toute personne appartient à l'un de ces deux groupes, et lorsqu'on les identifie, les caractéristiques individuelles à l'intérieur des deux groupes sont similaires. Après avoir déterminé si c'est le cerveau droit ou le cerveau gauche qui est déconnecté, on peut mettre en place un plan d'action positif et efficace, au lieu de procéder par essais et erreurs, comme si on voulait essayer de faire entrer un bouchon carré dans un trou rond, tentative qui révèle de bonnes intentions mais n'a aucune espèce d'efficacité.

Vous trouverez amusant, et certainement utile, de découvrir votre propre schéma d'organisation neurologique. Travaillez avec votre partenaire pour déterminer votre type et le sien. Est ce que cela semble correspondre à vos personnalités ? Est-ce que cela ne vous explique pas des points sur lesquels vous vous êtes toujours posé des questions ?

Le concept des deux hémisphères cérébraux a été longuement développé (voir chapitre VII). Etes vous un auditif ou un visuel ? L'apprenant de type auditif utilise la pensée « cerveau gauche ». Il entend le son des mots et épelle phonétiquement; il a une tendance à verbaliser; il est logique et préfère avoir des règles à suivre. L'apprenant de type visuel utilise la pensée « cerveau droit ». Il lit et épèle avec les yeux. Ses démarches de résolution de problèmes sont créatives et intuitives. Pourtant, sans la pratique des tests musculaires, il n'est pas aussi simple qu'il y paraît de classer une personne dans l'un des deux groupes, à cause de la complexité de l'organisation neurologique.

On peut identifier les deux types d'apprenants de la manière suivante :

1. établir si c'est l'hémisphère droit ou l'hémisphère gauche qui est dominant.

2. établir quel est l'hémisphère qui est déconnecté, s'il en existe un, quand la personne est sous le stress produit par la lecture, l'écriture, l'orthographe ou la prise de parole, en observant ce qui se passe à l'approche de la ligne médiane.

Supposons maintenant que vous soyez dyslexique, et que vous ayez eu des difficultés en lecture et en écriture lorsque vous étiez enfant. Vous aviez quelque talent artistique, et vous êtes devenu peintre parce que vous avez été accepté dans une école d'art. Vous avez passé quinze années de votre vie à essayer de peindre, avant de vous rendre compte que vous étiez un écrivain, et que vous préfériez un moyen d'expression verbal à un moyen visuel. Un simple test musculaire confirme le fait que la peinture demande une déconnexion de l'hémisphère dominant gauche, produisant ainsi du stress, alors que l'écriture crée un équilibre, permettant aux deux hémisphères de coopérer harmonieusement. Ceci est arrivé à l'un de mes proches. La Kinésiologie éducative l'a aidé à prendre des décisions dans sa vie. Il sentait que ces décisions étaient justes et cela s'est confirmé.

Autre cas : celui de la « bête de travail » qui arriva à vaincre sa dyslexie à force de persévérance et de détermination. Convaincu qu'il pouvait réussir à l'école, il « leur montra ce dont il était capable » en étudiant pendant des années jusqu'à obtenir son doctorat. Diagnostiqué comme auditif, parce que son travail en cours de dessin ne correspondait pas aux exigences des enseignants et parce qu'il écrivait bien, il poursuivit une carrière académique où les activités verbales dominaient. Un simple test musculaire lui aurait montré qu'il était un cerveau droit, un apprenant de type visuel. Il pouvait exécuter les tâches de type cerveau gauche, essentiellement auditives, mais le prix à payer était la répression de sa créativité et de son aisance. Il en résultait alors une myopie, des tensions et une posture déficiente. J'ai décrit mon propre profil. Je suis, heureusement, beaucoup mieux intégré aujourd'hui, parce que j'ai appris à lâcher prise, à me détendre et à connecter mon cerveau droit.

Est-ce le cerveau droit ou le cerveau gauche que vous déconnectez ? La Kinésiologie Educative suggère que la plupart des gens qui ont grandi au XXe siècle, ère de modernisme et d'industrialisation, se retrouvent dans un schéma similaire au mien. Nous apprenons à fournir un maximum d'efforts, et nous déconnectons notre cerveau droit quand nous sommes sous pression.

Le chapitre sur l'écriture est la suite de cette démonstration. Il veut donner un éclairage supplémentaire à la question du cerveau droit et du cerveau gauche.

Les deux listes ci-dessous nous permettent de comparer les fonctions et le mode de pensée de chaque hémisphère. En les étudiant, vous remarquerez à quel point chaque mot est l'opposé exact de celui qui lui fait face.

Caractéristiques du cerveau droit et du cerveau gauche.

Cerveau Gauche	Cerveau Droit
Auditif	Visuel
Myope	Hypermétrope
Convergent	Divergent
Analytique	Synthétique
Abstrait	Concret
Rationnel	Emotionnel
Temporel	Spatial
Digital	Analogique
Objectif	Subjectif
Actif	Passif
Tendu	Décontracté
Euphorique	Déprimé
Sympathique	Parasympathique
Propositionnel	Appositionnel
Séquentiel/Linéaire	Gestaltiste/Simultané
Mental	Intuitif
Scientifique	Artistique
Logique	Psychique
Introverti	Extraverti

CHAPITRE NEUF

L'analyse de l'écriture

Après l'habituel échange de politesses entre Ruth et moi, lorsque je sentis qu'elle était suffisamment à l'aise et suffisamment décontractée pour que nous puissions commencer à travailler, je lui dis de prendre un stylo et du papier pour un petit test d'orthographe. Les changements dans son corps furent immédiats et évidents. Il y avait des signes de stress partout. Son teint pâlit, ses sourcils se froncèrent, sa mâchoire se raidit et son épaule droite tomba quand elle se mit en position pour écrire. Elle tourna la tête vers la droite et se laissa aller en arrière vers la gauche. Elle prit son stylo dans la main droite, et tourna la feuille de papier de manière à pouvoir écrire pour ainsi dire verticalement, sur une ligne perpendiculaire à son propre corps. En écrivant, elle parvenait à garder la partie gauche du corps immobile. Ses seuls mouvements, en dehors de ceux de sa main et de son bras droits, étaient les différentes contorsions du visage auxquelles elle se livrait pour voir ce qu'elle était en train de faire de l'oeil droit (voir figure 31).

On reconnaît que l'analyse de l'écriture est un moyen de mettre à jour les secrets du psychisme, de la santé et de la personnalité du scripteur. Il y a beaucoup à apprendre d'un échantillon d'écriture, mais ce n'est pas l'objectif de ce chapitre. La graphologie utilise la production écrite. La Kinésiologie éducative s'intéresse au processus. Nous utilisons l'observation et la pratique des tests musculaires

Fig.31 : La posture du scripteur doit être interprétée comme un symptôme de stress dans le système de traitement de l'information.

afin de mieux comprendre ce qui se passe chez le scripteur quand il produit des symboles sur le papier.

La Kinésiologie éducative émet l'hypothèse que, dans la plupart des cas, la clé de l'apprentissage réside dans une analyse soigneuse de la posture, du mouvement et des habitudes visuelles de la personne qui écrit, et dans une reprogrammation renforcée des habitudes d'écriture déconnectées en habitudes connectées. L'idée centrale de ce livre est que la lecture et l'écriture, pour être efficaces, doivent permettre l'expression. Un problème de lecture est un problème d'écriture, et la correction de ce problème a plus de rapports avec la restauration du langage expressif de l'enfant qu'avec la mémorisation de listes de mots ou l'étude de manuels de phonétique. La Kinésiologie Educative vous montrera à quel point il est simple de comprendre et de traiter un problème d'apprentissage avant qu'il ne devienne grave, et comment aborder une personne qui est gravement handicapée. Les seules choses nécessaires sont un engagement réel dans le processus de changement, un environnement équilibré, un peu de patience et d'amour.

Dans ce chapitre vous apprendrez à :

1. Observer une posture déconnectée.

2. Analyser les performances dans le champ visuel.

3. Utiliser les tests musculaires pour aider une personne à intérioriser une posture connectée.

4. utiliser les tests musculaires pour déterminer si l'apprentissage utilise bien les deux hémisphères.

Main dominante et aptitudes à l'écriture.

L'écriture, comme la lecture, est une invention humaine, dont l'apprentissage exige un certain degré d'adaptation.

Certains trouvent qu'il est facile d'apprendre à écrire; d'autres non. Un certain nombre d'erreurs théoriques à propos du rôle de la main dominante dans l'écriture ont été cause de difficultés et de chagrins indicibles pour des millions d'enfants, et ont compromis le potentiel de millions d'autres. Nous savons tous que nous vivons dans un monde de droitiers, et nous savons que la plupart des gens écrivent de la main droite, qui est leur main dominante. La main dominante fonctionne mieux parce que l'hémisphère dominant, dans ce cas le cerveau gauche, exerce sur elle un contrôle conscient. Ce type de contrôle est intéressant quand il est nécessaire, par exemple lors du premier apprentissage de l'écriture. La Kinésiologie éducative soutient pourtant que l'écriture, une fois acquise, doit passer sous le contrôle du cerveau droit, quels que soient la main et l'hémisphère dominants. L'écriture nécessite une liberté de mouvement, une aisance et une expressivité qui doivent être en phase avec la circulation d'énergie dans le corps. L'écriture doit devenir automatique, acquérir un rythme, sans qu'il soit besoin de la contrôler consciemment, comme il en est de la respiration. Pour une écriture équilibrée, c'est le cerveau droit, et non le cerveau gauche, qui doit commander la main droite. Quand le cerveau gauche prête une attention excessive à la graphie au lieu de s'occuper du message à communiquer, il en résulte une écriture et une orthographe déconnectées. La compréhension du processus de développement des automatismes de l'écriture permet d'expliquer pourquoi il y a tant de personnes qui apprennent à se déconnecter.

Sens de rotation et énergie.

Depuis quelques décennies, les neurologues, les psychologues et une partie des éducateurs savent que l'âge où les enfants sont prêts à l'apprentissage de l'écriture, entre cinq ans et demi et sept ans et demi, coïncide avec celui où ils commencent à pouvoir dessiner un cercle en sens inverse des aiguilles d'une montre. Ce sont les enfants qui n'y parviennent pas qui ont des problèmes. La Kinésiologie éducative reconnaît dans ce mouvement inverse au sens des aiguilles d'une montre une manifestation de l'énergie du cerveau droit allant vers la gauche, d'une façon très comparable à ce qui se passe lorsque le cerveau droit fait tourner la tête ou les yeux vers la gauche. Lorsque l'enfant ressent ce besoin de dessiner des cercles en sens inverse des aiguilles d'une montre, son cerveau droit montre qu'il est capable de prendre le relais du cerveau gauche pour ce qui concerne l'écriture, et que celui-ci peut alors se consacrer au langage, aux sons, et aux messages verbaux. La spécialisation des hémisphères s'installe au fur et à mesure du développement de l'enfant. Avant ce stade, les deux hémisphères ne sont pas spécialisés. Ce n'est qu'à partir de ce moment que la spécialisation devient nécessaire, à cause de la complexité du traitement de l'information.

Pour mettre en évidence l'influence du fait de dessiner un cercle en sens inverse des aiguilles d'une montre sur l'équilibre énergétique, faites le test musculaire suivant sur votre partenaire :

1. Testez un muscle indicateur fort.

2. Demandez à la personne de tracer un cercle, soit dans le vide, soit sur une feuille de papier ou un tableau noir.

3. Observez le sens du tracé : dans le sens des aiguilles d'une montre ou en sens inverse ?

4. Testez le muscle indicateur.

5. Si le tracé est dans le sens des aiguilles d'une montre, la réponse est-elle faible ?

6. S'il est en sens inverse, la réponse est-elle restée forte ?

7. Demandez à la personne de tracer un autre cercle, mais cette fois dans l'autre sens.

8. Testez à nouveau, et notez les résultats.

Le huit couché.

Tout élément d'écriture est perçu dans le champ visuel de façon très semblable à un huit horizontal, ou « huit couché ». Cette configuration remplit tout le champ visuel, le point de croisement étant au centre, sur la ligne médiane, qui est la zone où les hémisphères droit et gauche doivent être intégrés et collaborer. Si nous disons que le centre est le point de départ de la graphie, celle-ci commence soit par un mouvement en sens inverse des aiguilles d'une montre (c, d, g, q) soit par un mouvement vers le bas, qui peut se continuer dans le sens des aiguilles d'une montre (b, r, h, m). Si vous les visualisez, toutes les lettres peuvent être intégrées à un huit couché (voir figure 32).

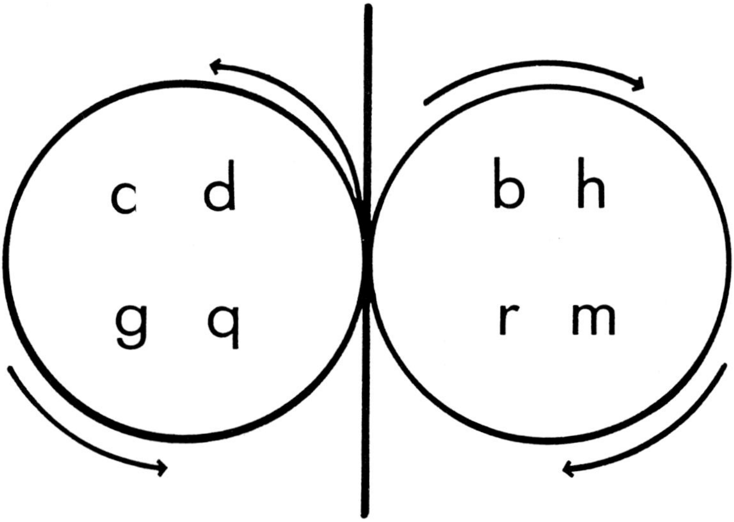

Fig.32 : le « Huit couché ».

Pour mettre en évidence l'influence du huit couché sur le test musculaire, faites les expériences suivantes avec votre partenaire :

Test du huit couché.

1. Faites un test neutre sur un muscle indicateur fort.

2. Demandez à la personne de tracer un huit couché dans le vide, en commençant par le centre et en faisant le mouvement dans le sens des aiguilles d'une montre.

3. Faites un test musculaire. La réponse est elle forte ou faible ?

4. Si elle est faible, demandez-lui de tracer un autre huit, mais cette fois en sens inverse des aiguilles d'une montre à partir du centre.

5. Refaites un test musculaire. La réponse est-elle de nouveau forte ?

Test du huit couché pour les lettres.

1. Testez un muscle indicateur fort.

2. Demandez à la personne d'écrire n'importe quelle lettre minuscule.

3. Sa réponse au test qui suit est-elle faible ?

4. Cherchez une lettre, s'il en existe une, dont le tracé produit une réponse faible.

5. Si vous obtenez une réponse faible, le tracé est-il conforme à la circulation d'énergie du huit couché ?

6. Si la personne ne parvient pas à tracer une lettre

donnée correctement, demandez-lui de la superposer à un huit couché, et refaites le test musculaire. Sentez-vous la différence dans la force de la réponse ?

Nous avons pratiqué ce test avec des adultes, et les réactions dans mes séminaires ont toujours été massivement positives et révélatrices. Les gens disent des choses comme « Je ne ferai plus jamais de fautes d'orthographe à mon nom » ou « Avant, quand j'écrivais cette lettre, j'avais toujours un moment d'hésitation ».

Posture et écriture.

Pour déterminer si une personne donnée « déconnecte » en écrivant, commencez par observer sa posture. Si la personne ressemble à Ruth, ou à l'une des autres illustrations, elle écrit probablement à gauche ou à droite de la ligne médiane. Son corps est en train de dire : « J'ai appris à écrire avec mon cerveau gauche, et je continue à prendre la posture que j'avais à l'école , quand mes « O » n'étaient jamais assez ronds ». Cette posture demande aux yeux d'accommoder sur la feuille de papier à des distances différentes, et peut avoir entraîné des problèmes de vision pour l'individu.

Si vous suspectez une posture d'écriture déconnectée, utilisez les tests musculaires pour confirmer vos soupçons.

Tester la posture d'écriture.

1. Testez un muscle indicateur pour déterminer s'il est fort.

2. Demandez à la personne d'écrire une courte phrase.

4. Faites un test musculaire.

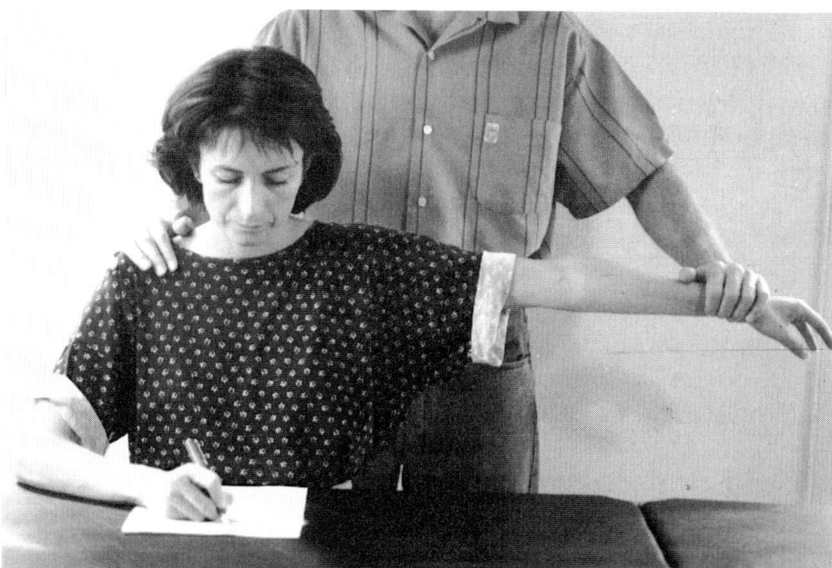

Fig.33 : Un test musculaire pendant l'écriture révèle un déséquilibre, ou produit un renforcement positif.

5. La réponse est-elle faible ?

6. Si elle est faible, il y a quelque chose qui provoque la déconnexion.

Pour corriger une posture d'écriture déconnectée, modifiez les aspects de cette posture afin qu'elle soit aussi proche et aussi conforme que possible à ce que vous jugez être la posture idéale pour la personne. Consultez les illustrations de la figure 3. Déplacez la feuille de papier vers le milieu si elle l'a placée sur le côté. Demandez-lui de garder la tête levée, à une distance d'environ cinquante centimètres de la page. Changez l'angle de celle-ci si elle a été tournée pour permettre une écriture à la verticale. Modifiez la prise sur le stylo. Elle devrait être légère, et la main devrait être tournée de telle manière que les deux yeux puissent voir la pointe. Lorsque la personne aura trouvé la posture idéale, sa réponse aux tests musculaires sera forte. La découverte de ce déséquilibre de l'écriture et la correction grâce aux tests musculaires est tellement spectaculaire pour la personne que, dans bien des cas, le changement est définitif après une seule et unique démonstration.

Une fois qu'une personne a été remise en contact avec l'apprentissage, et qu'elle a intériorisé cette réussite grâce à une réponse forte aux tests musculaires, on continuera à consolider tous les apprentissages équilibrés par des tests musculaires appelant des réponses fortes. Il n'y a pas de renforcement positif plus efficace. (Voir figure 33)

CHAPITRE DIX

Rééquilibrer la lecture

Ralph a dix ans. Il semble incapable de se rappeler un mot d'une ligne à l'autre. Il fournit d'énormes efforts pour lire, mais il ne parvient tout simplement pas à apprendre quoi que ce soit. Il peut identifier les mots sur des cartes qu'on lui présente ou dans une liste, mais il oublie tout dès qu'il est devant son livre de lecture. La phonétique et la prononciation lui sont aussi très difficiles. Il connaît les sons, mais ne peut se les rappeler assez longtemps pour reconnaître un mot qui les contient.

Brenda a treize ans. Elle lit magnifiquement bien. Elle joue avec le rythme et les inflexions de la voix, et met l'accent exactement là où il faut. Quand on l'entend lire à haute voix, on pourrait penser qu'elle est la première de la classe. Sa compréhension est pourtant extrêmement déficiente. Elle est incapable d'expliquer l'idée centrale d'un paragraphe en termes personnels. Elle ne se souvient que de détails anecdotiques, et fait souvent des contre-sens. Il lui est impossible d'écrire une phrase simple, son orthographe est atroce, et le fait de rencontrer un mot dans un contexte inconnu la rend muette.

Ralph et Brenda sont représentatifs de millions d'enfants qui fréquentent nos écoles, et qui sont littéralement déconnectés. Rééquilibré, Ralph sait lire. Il est devenu quelqu'un de totalement différent. Il lit d'une voix expressive et rythmée d'où le stress est totalement absent. Au lieu de se battre pour prononcer les mots, il se les rappelle ou encore les déduit du contexte. Il est suffisamment capable d'analyse pour décoder le mot, et il continue sa lecture sans perdre le fil de sa pensée. Il se souvient de ce qu'il lit et il l'apprécie. Rééquilibrée, Brenda ralentit un peu et réfléchit. Sa voix est moins animée mais plus intelligente. Elle se souvient de détails plus nombreux, et saisit mieux l'intention de l'auteur. Elle est en train de réapprendre à écrire correctement, et elle commence à être capable d'épeler les sons et les syllabes au lieu d'être obligée de toujours mémoriser chaque mot. Elle peut mettre ses propres idées sur le papier, avec aisance et précision.

Ralph et Brenda ont été rééquilibrés et sont maintenants capables d'apprendre. Ne vous rappellent-ils pas quelqu'un ? Ralph ressemble à Cerveau Gauche et Brenda à Cerveau Droit. Ralph, comme Cerveau Gauche, essaie d'apprendre avec l'hémisphère gauche et bloque le droit pour une raison ou une autre. Il essaie tout à la fois de suivre les règles, de lire les sons de se souvenir des mots et de comprendre l'histoire, mais il n'y parvient pas. Cerveau Gauche ne peut faire qu'une chose à la fois. Brenda, comme Cerveau Droit, saisit la mélodie dans le langage, et reconnaît les mots de façon visuelle, mais l'hémisphère gauche, celui du traitement du langage et des éléments phonologiques est déconnecté. Mémorisation et organisation de l'information sont très faibles.

La rééducation traditionnelle.

La façon traditionnelle de procéder en rééducation serait d'essayer d'éduquer la mémoire visuelle de Ralph et la mémoire auditive de Brenda pour ce qui concerne le langage. Avec de la chance et de la persévérance, ils pourraient faire des progrès, et se mettre à fonctionner spontanément à un niveau de performance plus élevé. Mais, dans la plupart des cas, l'entraînement d'un cerveau déconnecté revient à enseigner à un hémisphère la façon de compenser et de remplir des fonctions pour lesquelles il n'est pas fait. C'est une pratique qui est rarement un succès.

Il semble que la confiance que les Américains accordent aux supports pédagogiques et autres programmes d'enseignement assisté par ordinateur pour résoudre les problèmes d'analphabétisme ait la vie dure. On dépense par millions l'argent des contribuables pour acheter des méthodes de lecture, des machines, des produits de la technologie informatique, tout en continuant à ignorer la machine humaine pour laquelle ceux-ci ont été conçus. Les éducateurs américains ont tendance à adapter les enfants au fonctionnement de ces matériels, et aggravent ainsi le problème, au lieu d'essayer de comprendre comment ils pourraient apprendre mieux et plus efficacement.

C'est peut-être un trait de la nature humaine que de persister dans un comportement longtemps après que son échec a été prouvé. Témoin cette histoire maintes fois entendue d'une expérience à l'UCLA [1], où l'on construisit des labyrinthes géants, répliques de ceux auxquels sont confrontés les rats dans les expériences de laboratoire. La tâche des étudiants était de parcourir ces labyrinthes, l'appât était de l'argent, et leurs résultats étaient comparés à ceux des rats qui cherchaient du fromage. Les étudiants apprirent rapidement la tâche en question, et l'on ne trouva aucune différence significative entre leurs résultats et ceux des rats avant la phase finale de l'expérience. Lorsqu'on retira les récompenses, les rats s'arrêtèrent de courir après le fromage, mais les étudiants continuèrent à parcourir les labyrinthes en cherchant l'argent...

Tous ceux d'entre nous qui enseignent sont coupables de « labyrinthisme ». Nous obtenons de bons résultats en utilisant une méthode avec un enfant donné ou une classe donnée, et nous sommes convaincus que celle-ci doit être aussi efficace avec un autre enfant ou une autre classe. Si ça ne marche pas, ce n'est pas de la faute de la méthode, c'est qu'il y a quelque chose qui ne va pas avec l'élève. De jour en jour, de semaine en semaine, d'année en année, nous continuons à nous acharner, et le plus petit succès ne fait que nous encourager à poursuivre la course à l'échec final.

Un vrai « dyslexique » : Fred.

Il faut un défi spectaculaire pour nous pousser à nous arracher au « syndrome d'échec » décrit ci-dessus. J'ai eu suffisamment de chance pour trouver ce défi en Fred. Fred m'a appris que la plus grande partie de ce que je croyais savoir sur la lecture et l'écriture devait être entièrement révisée. Voilà qu'après dix ans d'expérience dans le domaine, je rencontrais un vrai dyslexique. Fred ne savait pas lire du tout. Il ne pouvait mémoriser plus de vingt mots du vocabulaire de référence du début de l'enseignement primaire, bien qu'il eût vingt-six ans et qu'il eût des diplômes. Fred était d'un physique agréable, en bonne santé, ne montrant aucun signe physique apparent de son handicap. Sa conversation était pleine de charme et il avait une réelle envie d'apprendre à lire et à écrire. Il développa une véritable « foi » en moi, et fut d'accord pour essayer mes méthodes.

Nous commençâmes avec l'approche « auditif/visuel/kinesthésique/tactile » que nous avions développée, en mettant l'accent sur des associations phonétiques sons/lettres. Fred apprit à dire des histoires du type « gros grand gras grain d'orge », et acquit un vocabulaire de base sur un mode kinesthésique/tactile. Il obtint ce résultat en six mois, et ce fut l'extase.

Puis nous tombâmes sur un « os ». Fred arrêta de faire des progrès. Il était incapable de transférer ce qu'il avait appris à la page imprimée. Les enfants qui bénéficient de notre entraînement acceptent les réussites et les nouvelles compétences qu'ils ont acquises et commencent à les mettre en oeuvre à l'école. La nouvelle perception que les parents ont de leurs enfants crée une atmosphère et une énergie qui favorisent l'apparition d'une attitude nouvelle et positive envers l'apprentissage. Mais Fred ne possédait rien d'autre que vingt ans d'échecs, et il était incapable de changer l'image qu'il avait de lui-même.

Fred est représentatif de plus de cinquante pour cent des élèves à problèmes, en ce sens qu'il est droitier mais que son oeil dominant est le gauche. Une telle dominance croisée peut être une cause de troubles dûs à une organisation neurologique défectueuse. Nous prescrivîmes à Fred notre programme d'entraînement visuel qui utilise le « patterning bilatéral de Getman », et il alla jusqu'au bout du programme sans difficulté. Mais les progrès en lecture et en écriture dont la plupart des enfants font l'expérience ne se matérialisèrent pas pour Fred. Pourquoi nos méthodes ne marchaient-elles pas avec lui ? Elles marchaient pour d'autres cas graves d'échec scolaire. Fred était-il si différent des autres ? Y avait-il quelque blocage émotionnel qui l'empêchait d'apprendre ? J'étais déterminé à trouver la solution du problème de lecture de Fred.

Une victime d'une attaque : Grace.

C'est à cette époque que je rencontrai Grace, et c'est elle qui me permit de comprendre comment aider Fred. Grace avait soixante douze ans, et elle avait eu une attaque. Apparemment rétablie à tous points de vue, elle ne pouvait plus lire, et cela lui brisait le coeur. Avant sa maladie, elle était une lectrice avide et était présidente d'un club de lecture. Elle souhaitait retrouver cet aspect de sa vie sociale. La famille me demanda si je pouvais l'aider. L'argent n'était pas un problème. J'acceptai d'essayer. Je tentai notre méthode d'intégration bilatérale, et réentraînai Grace aux relations son/forme, pour qu'elle puisse comprendre les mots. Elle commença bientôt à lire beaucoup mieux. Elle connaissait les mots comme des « mots-images ». Elle pouvait lire des listes de mots, mais rien d'imprimé dans un livre qui dépasse le niveau de la fin du primaire. Le fait de connaître l'étiologie du handicap de Grace, un traumatisme de l'hémisphère gauche, permettait de mettre totalement en évidence le rôle de chaque hémisphère dans la lecture.

Fred n'utilisait pas l'hémisphère droit parce que se concentrer sur l'hémisphère gauche réclamait toute son attention. Il s'était appris à piquer droit sur un élément en écartant toute autre information que le décodage signe par signe qui était sa définition de la lecture. Grace, avec toutes ces cellules détruites dans l'hémisphère gauche par l'attaque ne lisait qu'avec l'hémisphère droit, et était incapable de traiter du matériel textuel complexe ou de décoder des mots phonétiquement.

La Kinésiologie éducative rééquilibra Fred, si bien qu'il est capable de lire du matériel de niveau trois au bout d'un an de travail. Grace a appris à se concentrer suffisamment pour que sa lecture s'améliore jusqu'à atteindre le niveau intermédiaire. (J'ai probablement plus appris de Grace qu'elle n'a appris de moi !) Pour Fred, la clé de la réussite résidait dans la capacité à se décontracter, et d'avoir confiance en lui au lieu de fournir autant d'efforts. Pour Grace, c'était de pouvoir ralentir, se concentrer et réapprendre à écouter la structure superficielle du langage.

La Kinésiologie éducative rééquilibre les personnes avant l'apprentissage et leur permet de conserver cet équilibre pendant qu'elles apprennent. C'est une méthode simple et sans danger. Vous n'avez besoin que de deux choses : connaître les phénomènes liés à la latéralité, et prêter attention à la personne avec laquelle vous travaillez.

La Kinésiologie éducative vous apprend à maximiser le potentiel de la personne en éliminant les blocages et en évitant le stress qui interfère avec l'apprentissage. Son hypothèse de base est que les problèmes d'apprentissage sont générés par la personne elle-même sans qu'elle le veuille. Un enfant, s'il essaie de faire ce qu'on lui demande, déconnecte, et en fait rapidement une habitude.

Imaginez Cerveau Gauche et Cerveau droit en train de lire devant vous le même passage. Cerveau Droit n'a pas d'hémisphère gauche et Cerveau Gauche n'a pas d'hémisphère droit. Si seulement Cerveau Gauche pouvait lire un peu plus vite et avec un peu plus d'intelligence dans la voix ! Cerveau Droit ne prononce que les mots qu'elle connaît déjà, ne sait jamais que faire des petits mots comme « en » et « on » et dit « sel » au lieu de « les ». Si seulement les deux pouvaient se fondre en une seule personne et partager les talents spécifiques de chacun : la lecture devient alors juste, naturelle, vivante, comme le vrai langage oral. Chaque côté accomplit sa part de travail dans le traitement de l'information, et la pensée de l'auteur se transmet à celui qui lit et à celui qui écoute.

En résumé.

1. On utilise la Kinésiologie éducative aussi bien comme méthode de diagnostic des blocages dans le processus d'apprentissage, que comme traitement de ceux-ci : elle agit en débloquant les circuits.

2. La conscience du corps, et du corps en mouvement, fait partie du processus d'apprentissage. Elle est nécessaire à l'établissement de la dominance de l'hémisphère gauche,

mais aussi à l'intégration de l'hémisphère droit dans toute expérience.

3. Le blocage du cerveau droit inhibe le lecture et l'écriture. Ce sont des aptitudes qui doivent devenir automatiques, comme la respiration ou la digestion. Ces automatismes relèvent en dernière analyse du cerveau droit.

4. Pour assurer une expérience d'apprentissage intégrée et équilibrée, il faut prendre conscience des éléments suivants :

a) la ligne médiane du corps
b) la fluidité des mouvements des yeux, des mains et du corps
c) le comportement « moteur croisé »
d) l'expressivité du langage et le langage du corps
e) la circulation de l'énergie dans le cou
f) la conscience du corps dans les processus de pensée
g) l'impossibilité de l'échec
h) l'importance du moment présent; ni le passé ni le futur ne doivent diminuer le plaisir du succès actuel
i) l'importance du processus; le résultat du processus vient de surcroît
j) l'acceptation de l'idée que chacun est responsable de son développement personnel

5. La Kinésiologie éducative est une aide pour atteindre un niveau de conscience et de vitalité qui favorise un apprentissage sain. Elle n'est pas :

a) une panacée
b) un substitut à la médecine
c) un substitut à la qualité de l'enseignement ni à l'amour et à la chaleur humaine dans l'environnement quotidien.

note
(1) University of California Los Angeles.

CHAPITRE ONZE

La Kinésiologie éducative en action

L'école Poséïdon.

« Ainsi la Kinésiologie est efficace dans vos centres de rééducation de la lecture. Mais quelles recherches ou quelles expériences avez-vous faites qui prouvent qu'elle serait efficace en classe ? » Telle était la question que posaient parents et éducateurs intéressés après avoir entendu parler de notre programme.

Convaincu que la Kinésiologie éducative est efficace dans tous les cas, pourvu qu'elle soit correctement appliquée, je conçus un programme pour l'Ecole Poseïdon à Los Angeles. Cette étude pilote fournirait des données qui indiqueraient si la Kinésiologie éducative était une alternative pédagogique viable.

L'Ecole Poseïdon est une institution privée d'éducation spécialisée qui accueille une soixantaine de jeunes. Ceux-ci sont adressés à l'Ecole par les districts scolaires, les juges d'enfants et le secteur privé. La plupart ont renoncé à l'idée d'être capables d'apprendre quoi que ce soit. Ils croient qu'ils sont des « ratés »; ils sont exclus de l'institution scolaire, de la famille, et n'ont souvent même pas d'amis.

Une philosophie de l'éducation.

Nous croyons que pour que la vie soit pleinement vécue, il faut une atmosphère et un environnement propices au développement. Notre programme avait pour objectif d'impulser les changements à Poseïdon, en commençant par le point de vue philosophique de l'équipe pédagogique, avant de proposer quoi que ce soit aux étudiants. La Kinésiologie éducative n'est ni un programme scolaire, ni une machine à enseigner, ni un nouveau gadget. La Kinésiologie éducative est un mode de vie. C'est pourquoi sa mise en oeuvre exige qu'elle soit subtilement incorporée au système de croyances de l'ensemble du personnel impliqué dans le programme, depuis les directeurs, les conseillers et les enseignants jusqu'aux parents, aux secrétaires et au personnel de gardiennage. S'il existe une croyance en la possibilité de développement dans un contexte scolaire, alors tous ceux qui y travaillent agiront inconsciemment afin de rendre cette croyance réelle.

Le travail de développement avec l'équipe.

Le programme, tel qu'il fut présenté à l'Ecole Poseïdon débutait par un travail de rééquilibrage avec l'ensemble de l'équipe en séminaire de groupe. Dans le courant du mois de décembre 1980, nous fîmes une expérience sur une journée continue de huit heures, où les membres de l'équipe furent exposés à tous les aspects de la Kinésiologie Educative, comme s'ils étaient les enfants, dans un contexte de pratique réelle, un environnement d'atelier, une atmosphère de jeu, de découverte et de travail sur soi. Nous avions pour but de montrer les possibilités offertes par la Kinésiologie éducative dans la classe, sans qu'elle soit imposée par une volonté de l'administration. Nous espérions qu'un enseignant se proposerait pour essayer la Kinésiologie éducative dans sa classe à titre expérimental. Tous apprécièrent le séminaire et perçurent les objectifs et la valeur de l'information que nous avions apportée. Heureusement, il y eut un enseignant qui se porta volontaire pour participer à un programme pilote.

L'équipe se réunit la semaine suivante, et fut informée par la direction que la Kinésiologie éducative serait introduite dans une classe au cours du semestre de printemps, avec la possibilité d'applications plus larges par la suite. Tous furent invités à observer et à essayer les éléments du programme avec lesquels ils se sentaient en accord. On les informa que le Docteur Dennison donnerait des consultations et des séances de formation complémentaires aux enseignants, aux parents et aux enseignants adjoints de la classe pilote tout au long du semestre.

Les conditions de fiabilité.

Pour assurer la documentation des changements, s'il s'en produisait, on administra un test de vocabulaire basé sur la reconnaissance des mots aux 19 élèves impliqués dans l'expérience, qui commença en janvier 1981. Les résultats de ce test sont susceptibles d'être exprimés en termes de Quotient intellectuel, le Q.I étant utilisé en cette occasion pour des besoins de mesure des changements obtenus. Une augmentation de sept points ou plus serait considérée comme signe d'un changement significatif pendant les cinq premiers mois du programme.

La classe.

Loïs Fabiano, l'enseignante responsable de cette classe, commença la Kinésiologie éducative en suivant le principe très « cerveau droit » selon lequel « le tout est plus que la somme de ses parties ». Elle savait qu'il fallait d'abord un changement philosophique avant que les élèves ne croient qu'ils étaient capables d'apprendre, d'aimer et de se développer. Elle commença avec elle-même et avec son adjoint : rééquilibrage mutuel, pensées positives, attitude d'amour inconditionnel et d'ouverture au développement.

Loïs anima des discussions de groupe sur la Kinésiologie éducative, insistant toujours sur le fait que la participation était totalement volontaire. Un par un, un nombre croissant d'élèves commença à s'impliquer, posant des questions et faisant des suggestions. Doucement, les enfants furent guidés vers la prise de conscience d'un certain nombre de choses :

1. les tests musculaires mutuels
2. l'environnement physique de la salle de classe
3. l'effet des couleurs, de l'alimentation et de la posture
4. la relation entre « cross-crawl » et apprentissage
5. l'effet de relaxation produit par les bruits de la nature et par les morceaux de musique dont le tempo est le plus lent.

Les élèves.

Les élèves enlevèrent les affiches et les décorations qui produisaient chez eux des réponses faibles, et apportèrent des éléments équilibrant la vision. Les enseignants confectionnèrent des rideaux pour établir une barrière psychologique en même temps que visible entre la classe et la dureté du monde extérieur. Ceux qui en avaient envie firent du « cross-crawl aérobique » en musique sur le terrain de jeux. Le mobilier en plastique fut éliminé et remplacé par des tables de bois, qui se révélèrent plus confortables en même temps que de meilleurs conducteurs d'énergie. A la réunion de parents qui eut lieu un soir pour expliquer la Kinésiologie Educative et faire une démonstration de ses applications, les réponses furent massivement positives et enthousiastes.

Les résultats.

Une dynamique d'aide, de contact et d'amour se développa dans la classe à mesure que les semaines passaient, ainsi qu'un respect pour la salle de classe, ce qu'elle contenait, et son caractère sacré d'endroit où partager et apprendre. Ben, un dysgraphique grave, qui ne pouvait ni écrire ni épeler correctement, apprit de ses enseignants et de ses camarades de classe à corriger ses habitudes d'apprentissage. Napoléon, un adolescent hyperactif d'un mètre quatre-vingts, habituellement perturbateur, devint un trésor d'information en matière métaphysique, offrant ses propres interprétations de ce qui se passait, de façon la plupart du temps très positive pour la classe.

Les élèves étaient toujours actifs et turbulents, mais il y avait moins de colère et d'hostilité en eux, et chacun respectait l'espace de l'autre. Les visiteurs remarquaient immédiatement la différence, et demandaient ce qui se passait dans cette classe. Les élèves écoutaient mieux tant l'enseignant que leurs pairs, et les notes aux devoirs hebdomadaires s'amélioraient.

En juin 1981, on administra de nouveau un test de vocabulaire de Peabody. Si on les considère comme une mesure de la réceptivité au langage, en corrélation avec d'autres mesures prédictives du succès scolaire, les résultats reflètent les changements apportés par la Kinésiologie éducative à la vie de ces élèves.

Sur les dix-neuf participants d'origine, deux quittèrent la classe, laissant dix-sept personnes pour le post-test. Sur ces dix-sept, onze avaient amélioré leur score, un n'avait pas bougé, et cinq avaient baissé. Huit des changements, en hausse comme en baisse, n'étaient que de deux à quatre points, donc sans signification statistique. Mais sept des élèves améliorèrent leurs résultats de sept à quatorze points, suggérant ainsi un changement significatif au niveau de la conscience et de l'ouverture à l'apprentissage. (Voir Figure 34).

Ecole Poseïdon.

Expérience pilote de kinésiologie éducative.

Test de vocabulaire de Peabody.

Elève	pré-test 1/81	post-test 6/81	variation
A	106	109	+ 3
B	109	parti	
C	114	114	constant
D	103	100	− 3
E	108	110	+ 2
F	89	parti	
G	77	87	+10
H	98	111	+13
I	100	97	− 3
J	105	94	−11
K	111	125	+14
L	108	104	− 4
M	84	95	+11
N	123	134	+10
O	111	121	+10
P	94	98	+ 4
Q	101	108	+ 7
R	79	82	+ 3

Figure.34. La variation dans les points de Quotient Intellectuel sur un test de réceptivité au langage montre une tendance à l'amélioration pour onze élèves sur dix-sept, après exposition à la Kinésiologie éducative, dont sept entre 7 et 14 points.

La Kinésiologie éducative, telle qu'elle a été mise en oeuvre a l'Ecole Poseïdon est un outil qui favorise une efficacité accrue de l'apprentissage et du changement. Quand une équipe peut travailler dans un esprit de coopération, de compréhension et sur des bases positives, tout est possible. Nous ne faisons que commencer.

NOTRE SYMBOLE

Pour vous aider à vous souvenir de ce que la Kinésiologie éducative peut vous apporter, regardons ensemble la signification de notre symbole. (Voir figure 35). Méditer cette signification dans les semaines et les mois qui viennent vous donnera une nouvelle compréhension de la nature de la Kinésiologie éducative.

Notre logo montre une pyramide inscrite dans un cercle, plusieurs lignes, elles-mêmes inscrites dans la pyramide, se coupant au centre du cercle. Ce logo est hautement symbolique de toutes les notions présentées dans ce livre.

Le cercle représente la Vie et l'Energie, leur dynamique de mouvement et de changement perpétuels. Dans le sens inverse des aiguilles d'une montre, c'est la radiation de l'Energie expressive. Elle est centrifuge et représente la croissance. Dans le sens des aiguilles d'une montre, c'est l'énergie méditative. Elle est centripète et représente le centrage, la concentration. La pyramide attire l'énergie de l'Univers à son sommet, et elle est enracinée au sol par la base, là où nous faisons l'expérience sensible de la vie.

Le côté droit et le côté gauche de la pyramide symbolisent le Cerveau Droit et le Cerveau Gauche, les deux modalités de notre conscience, qui communiquent au centre par l'intermédiaire du corps calleux. Les deux cerveaux sont reliés par deux petites lignes qui coupent le centre et pénètrent la sphère de conscience opposée à la base, symbolisant le comportement « moteur croisé ». La base de la pyramide représente le champ visuel, et le tiers central de cette ligne est l'axe médian, là où prend place l'apprentissage équilibré et intégré. La ligne qui va de la base au sommet représente l'énergie, qui doit circuler librement dans le corps et dans le cou, pour nous aider à conserver notre équilibre et la qualité de notre posture.

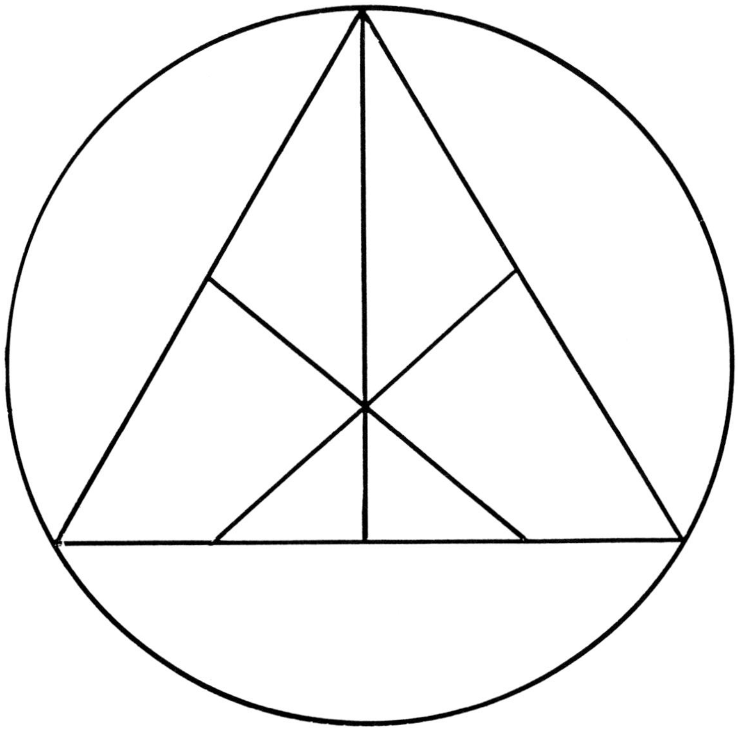

Fig.35. Le symbole de la Kinésiologie Educative.

ANNEXE

EXERCICES DE KINESIOLOGIE EDUCATIVE

Vous trouverez ci-dessous des exercices et des activités qui ne sont pas mentionnés dans le texte, et qui se sont révélés utiles dans certains cas, pour relâcher les tensions, améliorer la posture, et favoriser et l'équilibre et l'intégration hémisphérique.

1. *Se balancer.*

Le balancement est excellent pour stimuler le sens de l'équilibre et le contrôle moteur. Balancez vous dans toutes les positions, plus vite pour apporter de énergie et plus lentement pour relaxer.

2. *Faire la toupie.*

Faire la toupie a des effets miraculeux tant sur le développement moteur que sur la concentration. C'est un mouvement qui stimule le mécanisme vestibulaire, une partie de l'oreille interne qui contrôle l'équilibre.

3. *Se pendre la tête en bas.*

Les positions inversées favorisent l'apport de sang et d'énergie au cerveau. Le corps peut y faire l'expérience d'une posture en extension totale et d'une sensation d'apesanteur.

4. *Sauter sur un trampoline.*

Sauter sur un trampoline, activité qui produit un rebond en état d'apesanteur, est excellent tant pour le mécanisme vestibulaire que pour la stimulation des propriocepteurs visuels.

5. *Masser.*

Le massage soulage les tensions à tout âge, et les enfants en ont tout autant besoin que les adultes. Il faut porter une attention particulière au dos et à la partie supérieure de la nuque à la base de la tête. (voir figure 36)

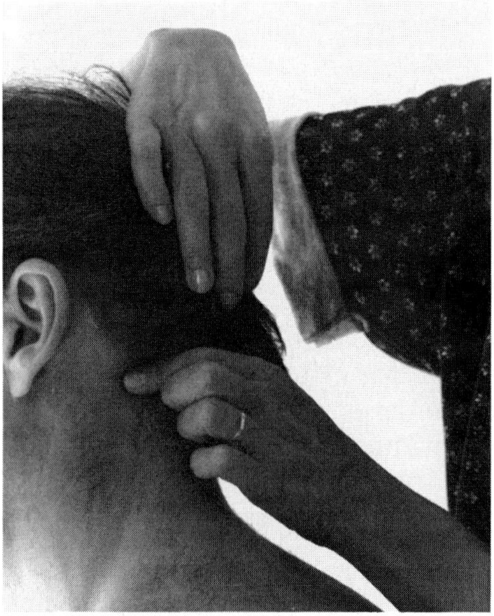

Fig.36 : La tension et les blocages d'énergie se relâchent si on masse le sommet de la nuque à la base de la tête.

Si les épaules semblent tendues ou dures, pressez le muscle fermement une vingtaine de secondes, aussi fort que la personne peut le supporter, et la tension fondra littéralement.

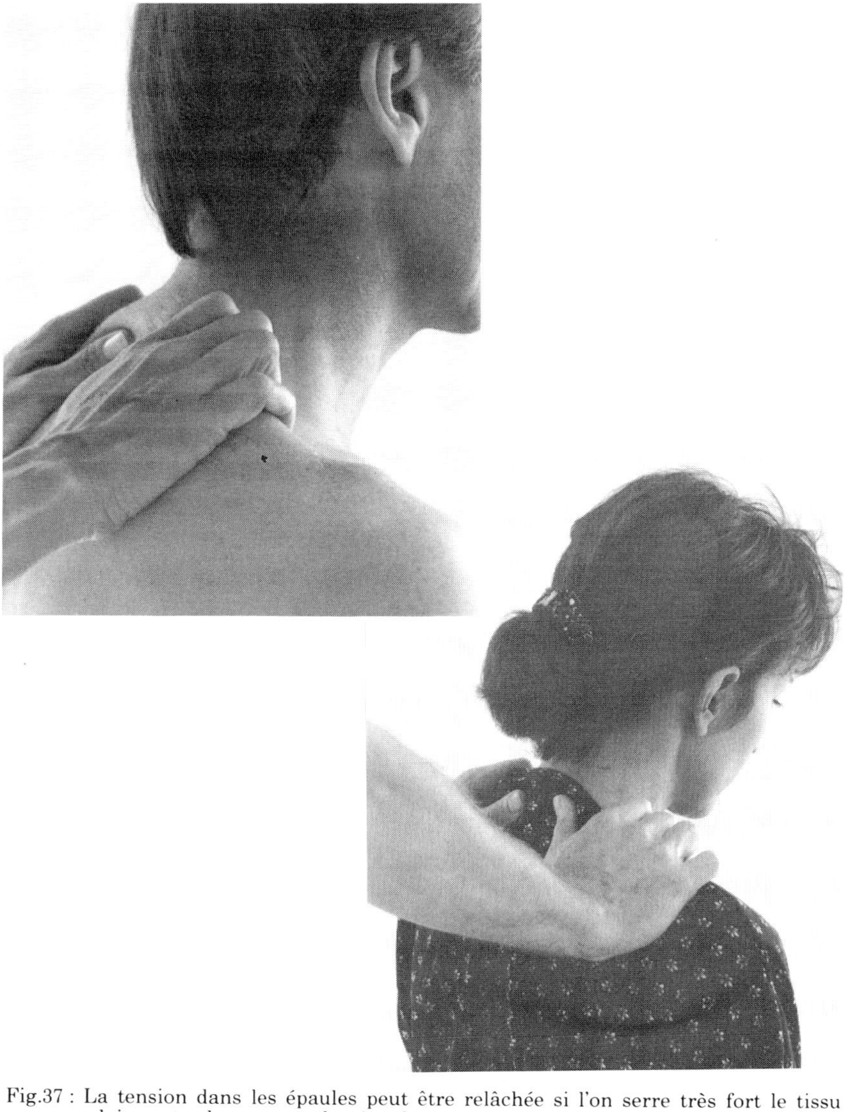

Fig.37 : La tension dans les épaules peut être relâchée si l'on serre très fort le tissu musculaire entre la nuque et les épaules.

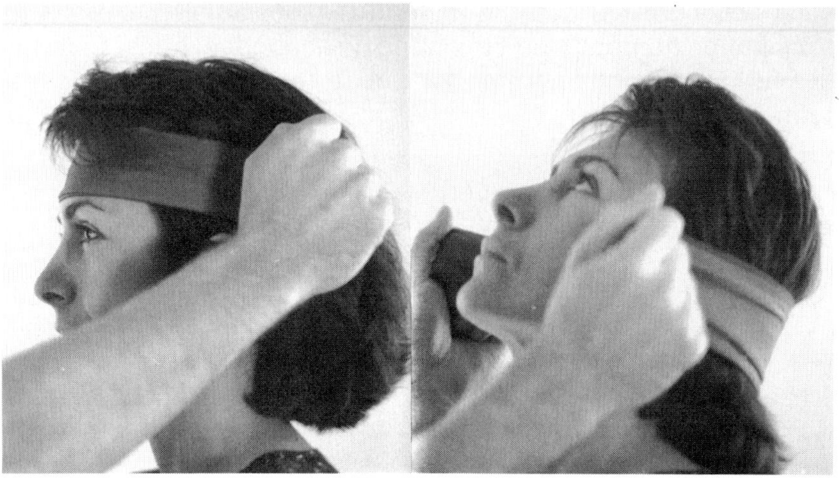

Fig.38 : Exercices de résistance pour les muscles du cou. Ces exercices utilisent une bande de tissu. Résistez dans toutes les directions, doucement mais fermement.

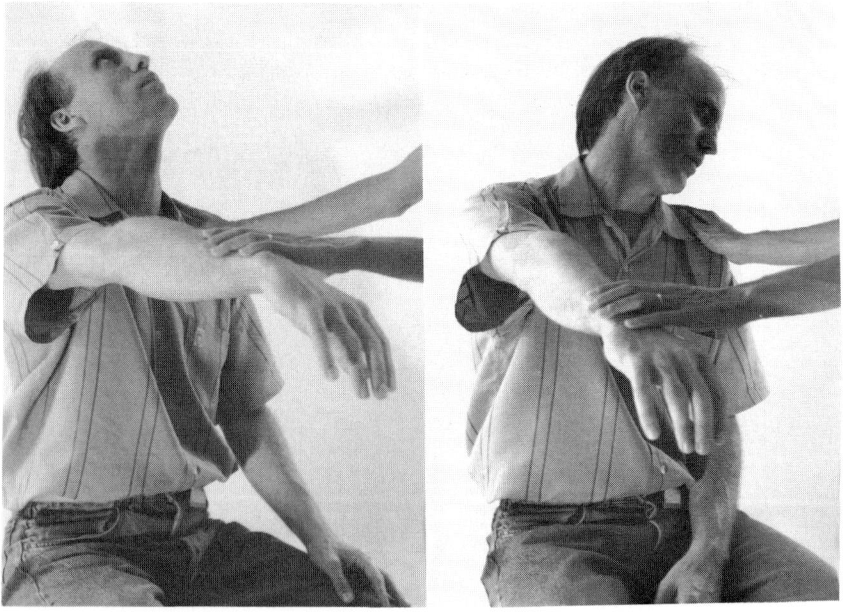

Fig.39 : Exercices de relaxation pour les muscles du cou. Effectuez des rotations complètes de la tête. Tenez à l'endroit de la tension jusqu'à ce qu'elle disparaisse.

6. *Relaxer et renforcer le cou.*

Nous donnons de l'exercice aux autres muscles du corps, mais nous faisons comme si ceux du cou n'existaient pas. Les exercices de résistance que montre la figure 38 aident à activer ces muscles, si bien qu'ils donnent une meilleure réponse à l'environnement, et deviennent de meilleurs conducteurs de l'énergie. Alternez exercices de renforcement et exercices de relaxation comme ceux de la figure 39. Ne forcez pas sur les exercices de rotation de la tête. Laissez la gravité et l'énergie faire le mouvement. Laissez d'abord pendre votre tête en avant jusqu'à ce que toute la tension soit partie, puis effectuez lentement des rotations de la tête. Faites ceci trois fois dans chaque direction.

7. *Exercices de respiration.*

La plupart des gens ne savent pas respirer et bloquent l'énergie à chaque respiration. On apprend à respirer superficiellement pour donner une réponse de type « combat/évitement », et cette respiration n'emplit que la poitrine. Certains rentrent le ventre pour avoir l'air plus mince. Une respiration correcte concerne la totalité du corps, de l'abdomen à la partie supérieure de la poitrine, et insuffle de l'énergie dans chaque cellule . Vous l'apprendrez plus facilement couché sur le dos. Placer une main ou un livre sur la région abdominale attire l'énergie vers cette zone. Notez toutes les tensions dans le corps et lâchez prise. Respirez en rythme : inspirez lentement - 1,2,3 - retenez la respiration - 1,2,3 - et expirez lentement - 1,2,3. Pour cet exercice, nous respirons par le nez.

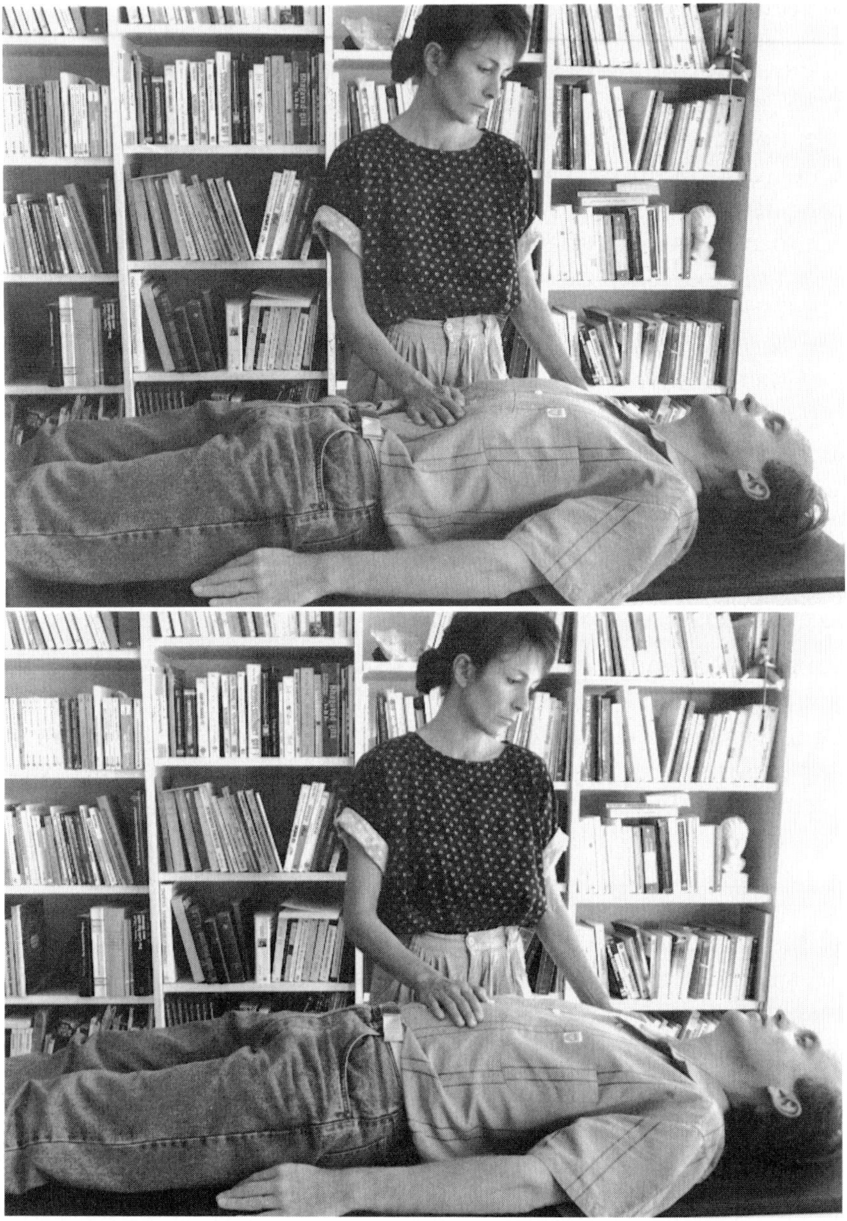

Fig.40 : Une respiration incorrecte est superficielle, située uniquement dans la poitrine. Une respiration correcte emplit entièrement la poitrine et la cavité abdominale, sur l'inspiration.

DEFINITION DES TERMES

Kinésiologie appliquée : utilisation de la science des tests musculaires pour obtenir des informations du corps et du cerveau.

Equilibrage : restauration de la circulation de l'énergie qui peut être bloquée par le stress.

Kinésiologie éducative : application de la Kinésiologie à l'étude du cerveau droit, du cerveau gauche et de l'intégration corporelle dans le but d'éliminer le stress et d'utiliser pleinement le potentiel énergétique pour faciliter l'apprentissage.

Pratique des tests musculaires : technique permettant de mesurer la force relative d'un certain nombre de muscles donnés, pour détecter les déséquilibres d'énergie, dans un objectif de rééducation.

Lecture : processus consistant à interpréter le langage écrit sur un mode personnel et actif, en utilisant de manière intégrée vision et audition.

Ecriture : processus consistant à s'exprimer par le mouvement du corps en maintenant la coordination et l'équilibre cerveau droit/cerveau gauche.

BIBLIOGRAPHIE

ADLER (Ronald B.), TOWNE (Neil) : *Looking Out, Looking In*, Holt, Rinehart and Winston, New York, 1981.

ASSAGIOLI (Roberto) : *Psychosynthèse.*

AYRES (Jean A.) : *Sensory Integration and Learning Disorders*, Western Psychological Services, Los Angeles, 1973.

BACH (Richard) : *Illusions, ou le Messie récalcitrant*, Flammarion/J'ai Lu, Paris, 1987.

BAKAN (Paulo) : *The Eyes Have It*, Psychology Today, n° 11, avril 1971, pp. 64-67.

BANDLER (Richard), GRINDER (John) : *Frogs Into Princes*, Real People Press, Moab, Utah, 1979.
Les secrets de la communication : la programmation neuro-linguistique, Le Jour, Montreal.

BLAKESLEE (Thomas R.) : *The Right Brain*, Doubleday, New York, 1980.

BUZAN (Tony) : *Use Both Sides of Your Brain*, Dutton, New York, 1974.

DELACATO (Carl.) : *The Diagnosis and Treatment of Speech and Reading Problems*, Charles C. Thomas, Springfield, Illinois, 1963.

DENNISON (Paul) : *Covert Speech and Beginning Reading Achievement*, Thèse de doctorat non publiée, University of California graduate School, 1975.

DIAMOND (John) : *Behavioral Kinesiology*, Harper and Row, New York, 1979.

EASTCETT (Michael J.) : *The Silent Path : An Intoduction to Meditation*, Weiser, New York, 1969.

EDWARDS (Betty) : *Dessiner grâce au cerveau droit*, Pierre Mardaga, Bruxelles, 1979.

FERGUSON (Marylin) : *Les enfants du Verseau*, Calmann-Lévy, Paris, 1980.
La révolution du cerveau, Calmann-Lévy, Paris 1974.

GREEN (Elmer), GREEN (Alyce) : *Beyond Biofeedback*, Delacorte Press, 1977.

JOY (Brugh W.), *Joy's Way*, J.P. Tarcher Inc., Los Angeles, 1979.

MURPHY (J.) : *Les pouvoirs de votre esprit*, Ed. de l'Homme.

MYERS (Patricia I.) : *Methods of Learning Disorders*, John Wiley and Sons, New York, 1969.

OSMAN (Betty B.) : *Learning Disabilities, A Family Affair*, Random House, Nexw York, 1979.

ORNSTEIN (Robert E.) : *Right and Left Thinking*, Psychology Today, n° 12, may 1973, pp 86-92.

OSTRANDER (Sheila), SCHROEDER (Lynn) : *Superlearning*, Dell Publishing Company, New York, 1979.

OYLE (Irving) : *The New American Medicine Show*, Unity Press, Santa Cruz, California, 1979.

RAMA, BALANTINE and WEINSTOCK : *Yoga and Psychotherapy*, Himalayan Institute, Glenview, Illinois, 1967.

SHINN (Florence) : *Le jeu de la vie*, Dervy-Livres.

SOLAN (Harold A.) : *Psychology of Reading Difficulties*, Selected Academic Readings, 1968.

SPIEGEL (John P.), MACHETKA (Pavel) : *Messages of the Body*, The Free Press, New York, 1974.

THIE (John F.) : *La santé par le toucher*, Editions des Sciences holistiques, Genève.

VIRSHUP (Evelyn) : *Right Brain People in a Left Brain World*, The Guild of Tutors Press, Los Angeles, 1978.

WALTHERS (David S.) : *Applied Kinesiology, The Advanced Approach to Chiropractic*, Systems DC, Pueblo, Colorado, 1976.

WEINER (Harold) : *Eyes OK, I'm OK*, Academic Therapy Publications, San Rafael, California, 1977.

IFK
INSTITUT FRANCAIS DE
KINESIOLOGIE APPLIQUEE

L'INSTITUT FRANÇAIS DE KINÉSIOLOGIE APPLIQUÉE

L'Institut Français de Kinésiologie Appliquée de Paris organise en permanence des stages d'initiation et de formation dans les domaines divers de la kinésiologie.

L'Institut assure par le maintien de bons contacts avec les pionniers de cette méthode, l'intégration des recherches et développements les plus récents en Kinésiologie.

D'autres ouvrages en langue française sont en préparation, permettant une connaissance plus large de la Kinésiologie.

L'Institut Français de Kinésiologie Appliquée (I.F.K.A.) propose :

— des séances individuelles
— des stages

Pour tous renseignements supplémentaires, s'adresser à :

I.F.K.A.
Château des 4 saisons
63320 Saint Cirgues
Tél. 73. 71. 17. 87

LE SOUFFLE D'OR A DÉJÀ PUBLIÉ:

Collection FINDHORN :

- La voix des anges
- Jeux nouveaux
- Semence d'étoile
- Emergence
- Les bâtisseurs de l'aube
- L'envol vers la liberté
- Le retour du peuple des oiseaux
- La petite voix
- Le livre d'Emmanuel
- Célébrer la vie

Collection CHRYSALIDE :

- La métamorphose
- Un instant, une pensée
- Vivez dans la lumière
- Retour au jardin
- Les élixirs floraux du Dr Bach
- Cristal de vie
- Cristaux et développement personnel
- Guide des musiques nouvelles
- L'enfant et la relaxation
- Yoga et maternité
- Toute la kinésiologie
- Kinésiologie, le plaisir d'apprendre
- Kinésiologie pour enfants
- Le corps ne ment pas
- Equilibrer l'énergie vitale par la polarité
- Les endorphines
- Fleurs et santé
- Le papillon noir
- Unifier
- Le dialogue intérieur
- Les relations, source de croissance
- Communier avec votre enfant avant la naissance

Collection PASSAGES :

- La vie ouverte
- Neuf clés pour vivre sa mort
- Qui meurt

Collection PAROLE :

- Naissance du 4ème type
- L'homme perfectible
- Le silence qui parle

Collection de la ROSÉE :

- Le joueur de flûte
- Les enfants aux yeux de soleil

Hors collection :

- Le guide de l'éducateur nature
- L'homme autrement
- La Guérison : de la tradition à aujourd'hui
- La Terre s'éveille
- Pour l'amour de Terre

L O U I S - J E A N
avenue d'Embrun, 05003 GAP cedex

Dépot légal : 393 — Juin 1992
Imprimé en France